Inhaltsverzeichnis

W0388336

Gicht

Gicht – früher die „Krankheit der Könige“, heute eine wohlstandsbedingte Volkskrankheit, denn eine „opulente“ Ernährung gepaart mit Bewegungsmangel fördert den Ausbruch der Stoffwechselstörung und seiner Folgeerkrankungen erheblich. Übergewicht und eine Ernährung mit viel Fleisch, Fisch wie Sardinen und Sprotten, sowie Produkten, die einen hohen Fruchtzuckergehalt ausweisen (Säfte, Eis, diverse Fertigprodukte) gelten als Hauptverursacher. Übermäßiger Alkoholkonsum, Stress und die erbliche Veranlagung spielen eine Rolle, doch müssen ungünstige Bedingungen zusammentreffen, um die Krankheit auszulösen.
Ein weiterer, wenig bekannter Faktor, der als Verursacher unter Verdacht steht, ist die *Schlafapnoe,* bei der der Schlaf durch immer wiederkehrende Atemaussetzer gestört wird. Der Körper wird in Alarmbereitschaft versetzt und reagiert mit der Ausschüttung bestimmter Hormone in erhöhten Dosen. Im Hinblick auf Diabetes, Blutdruck und Gicht haben diese Hormone negative Folgen.
Die Apnoe zählt zum metabolischen Syndrom, die Kombination aus Bluthochdruck, Übergewicht und einer Glukose-Fettstoffwechselstörung.
Etwa 30% aller Männer und ca. 5% aller Frauen haben erhöhte Harnsäurewerte. In der Regel entfernt der Körper überschüssige Harnsäure über Nieren und Darm. Liegt aber eine Störung vor, erhöht sich die Konzentration im Blut wieder, „Kristalle“ werden in den Gelenken abgelagert. Ein erhöhter Harnsäurespiegel kann überdies zu Arterienverkalkung führen und erhöht das Risiko für Schlaganfall und Herzinfarkt, auch Nierenschädigungen können in der Folge auftreten. Äußerlich sichtbare Anzeichen einer Gichterkrankung können Veränderungen der Gelenke sein, auch in der Haut kommt es gelegentlich zu Ansammlungen von Kristallen, die als weiße Knötchen zu erkennen sind.
Gichtanfälle treten meist am großen Zeh, sowie Fingern und im Knie auf. Das passiert oft wie aus heiterem Himmel und bereitet unsagbare Gelenkschmerzen, als ob Splitter in den betroffenen Gelenken knirschen. Schwellungen, Rötungen und möglicherweise Fieber kommen dazu. Durch Laboruntersuchungen sollte abgeklärt werden,

ob ein erhöhter Harnsäurespiegel vorliegt. Auch leicht erhöhte Werte sollten konsequent „behandelt" werden, um Folgekomplikationen zu vermeiden. Medikamente zur Senkung der Harnsäure im Blut sind aufgrund ihrer Nebenwirkungen keine Lösung auf lange Sicht. Zur Behandlung wie auch zur Vorbeugung ist eine Ernährungsumstellung der beste Therapieansatz –auch nur wenn nötig-, das Körpergewicht zu reduzieren.
Bei Gicht darf das Abnehmen nur langsam vonstattengehen, da bei zu schneller Gewichtsreduktion erneut Anfälle drohen können. Sportliche Betätigung unterstützt das Abnehmen und stärkt die stützenden Muskelstrukturen der Gelenke. Diese Maßnahmen sollten immer mit dem behandelnden Therapeuten abgesprochen werden.
Im Folgenden 10 natürliche Hausmittel, die von Betroffenen als hilfreich bewertet werden:

1. **Apfelessig**, der auch gegen übersäuertem Magen und Kopfschmerzen hilft, kann auch bei Arthritis und Gicht angewandt werden. Der Säuregehalt des Essigs wirkt gegen akute Schmerzen, um die Entzündungshemmung zu verstärken, kann etwas Honig zugesetzt werden.

   - 2-3-mal täglich einen Teelöffel Apfelessig mit einem Glas Wasser gemischt trinken.

2. **Ingwer** kann durch seine entzündungshemmenden Eigenschaften sehr hilfreich sein. Es gibt mehrere Möglichkeiten, die Knolle zur Gichtbehandlung zu verwenden:

   - Getrocknetes Ingwerpulver, Kurkumapulver und Bockshornkleepulver zu gleichen Teilen mischen. 1 TL in 1 Glas warmem Wasser vermischen und zweimal täglich trinken.
   - ½ TL Ingwerpulver mit einer Tasse kochendem Wasser übergießen und diesen „Tee" 1-2-mal täglich trinken.
   - Aus Ingwerpulver und Wasser kann eine Paste gerührt werden. Diese einmal täglich auf die betroffenen Stellen auftragen und ca. ½ Stunde einwirken lassen.

3. **Natron** kann für einen Abbau der Harnsäure im Körper sorgen und so zur Verminderung der Schmerzen beitragen.

- ½ TL Natron in einem Glas Wasser auflösen und bis zu dreimal täglich trinken. Die „Kur“ etwa 2 Wochen fortführen.

4. **Zitronensaft.** Um die Verminderung der Gichtschmerzen zu erreichen, sollte die überschüssige Harnsäure neutralisiert werden. Mit Zitronensaft und Natron ist das problemlos möglich. Auch andere, stark Vitamin C-haltige Früchte sind geeignet, das Körpergewebe zu stabilisieren.

   - Den Saft einer Zitrone mit ½ TL Natron in einem Wasserglas vermischen. Das Gemisch sprudelt stark, deshalb etwas ruhen lassen und dann mit Wasser auffüllen, gleich trinken!
   - Auch purer Zitronensaft kann mit Wasser verdünnt bis zu 3-mal täglich getrunken werden.

5. **Kirschen,** ob sauer oder süß, können durch enthaltene Anthocyane Entzündungen vermindern und Gichtanfälle abschwächen. Aufgrund ihrer antioxidativen Fähigkeiten sind Kirschen auch zur Vorbeugung ideal.

   - Gichtkranke können gleich morgens Kirschen essen, pro Tag 15-20 Stück sind empfehlenswert.
   - Möglich ist auch ein Glas schwarzen Kirschensaft täglich, wer mag, kann gepresste Knoblauchzehen hineingeben.

6. **Bittersalz,** ein weiteres Mittel zur Behandlung nicht nur von Gicht, sondern auch von anderen Arthritis-Formen. Durch den hohen Magnesiumanteil im Bittersalz kann auch der Blutdruck gesenkt und der allgemeine Zustand des Herzens verbessert werden.
   Das Eintauchen betroffener Gelenke in warmes Bittersalz-Wasser entspannt die Muskulatur und lindert die Schmerzen.

   - Für ein Vollbad 2 Tassen Bittersalz ins warme Badewasser geben und den Körper darin einweichen, bis das Wasser anfängt abzukühlen.
   - In der Regel reicht diese Methode einmal in der Woche, in schweren Fällen darf aber auch mehrmals so verfahren werden.

7. **Bananen** erweisen sich bei der Behandlung als sehr effektiv. Ihr hoher kaliumgehalt bewirkt, dass Harnsäurekristalle in flüssige Form verwandelt und ausgeschieden werden können.

- 1-2 Bananen täglich verzehren oder
- Eine sehr reife Banane zerdrücken und mit einer halben Tasse Joghurt verrühren.

8. **Äpfel,** auch zusammen mit rohen Karotten, können die Harnsäure neutralisieren und somit Gichtschmerzen und Entzündungen vermindern.

9. **Aktivkohle** hat die Eigenschaft, Harnsäure zu absorbieren, sodass sie gut für die Behandlung geeignet ist. Ein Aktivkohlebad sollte 2-3-mal pro Woche genommen werden.

- ½ Tasse Aktivkohlepulver mit so viel Wasser vermischen, dass eine zähe Paste entsteht. Diese in eine Wanne geben und Wasser einlaufen lassen. Betroffene Stellen wenigstens ½ Stunde einweichen.
- Die Paste kann auch auf einzelne Körperteile aufgetragen werden. Auch hier ½ Stunde einweichen lassen, dann mit lauwarmem Wasser abwaschen.
- Möchten Sie Aktivkohlekapseln zur Linderung der Beschwerden oral einnehmen, sollten Sie die Maßnahme mit Ihrem Arzt abklären.

10. **Kaltes Wasser oder Eisbeutel** können Schwellungen und Schmerzen reduzieren. Das Eis nicht direkt auf die Haut bringen, sondern eingewickelt in ein Handtuch.

- Geschwollene Gelenke können für ca. 10 Minuten in kaltes Wasser getaucht werden.
- Ein Eisbeutel darf für etwa 15 Minuten aufgelegt werden.
- Vermeiden Sie aber die übermäßige Verwendung von Kälte, um die Kristallisation der Harnsäure nicht erneut zu fördern.

Diese einfachen natürlichen Mittel auszuprobieren, ist immer einen Versuch wert, doch bedenken Sie, dass es keine „Blitz-Heilung“ gibt. Die Heilung braucht Zeit und erfordert Ausdauer.

Ernährung bei Gicht

Ob zur Behandlung oder aber zur Vorbeugung einer Gicht ist die richtige Ernährung die beste Maßnahme. Um Gichtanfälle zu verhindern und Langzeitfolgen zu vermeiden, ist eine dauerhafte Senkung des Harnsäurespiegels in Blut unerlässlich.
Dafür gibt es drei Richtlinien:

1. Purinarme Mahlzeiten und Getränke
2. Fruchtzucker weitestgehend vermeiden
3. Gewichtsreduktion – das Hüftgold muss verschwinden, aber langsam!

Purine einschränken
Purine sind die Substanzen, die zu Harnsäure werden und die Schmerzen in den Gelenken begünstigen. Mehr als 200mg pro Tag sollten nicht konsumiert werden. Da aus 1mg Purin 2,4mg Harnsäure entstehen läge dieser Wert dann bei 480mg Harnsäure. Selbstverständlich ist es ratsam im Schnitt einen niedrigeren Wert an zu streben. Um sich mit diesem Wert vertraut zu machen, ist es für Erkrankte sinnvoll, mit Küchenwaage, Lebensmitteltabellen oder einer speziellen App die Purinmengen zu überprüfen.
Der Purin-Rechner der Deutschen Gicht Liga: http://www.gichtliga.de/purinrechner/
Zu Anfang gestaltet sich alles etwas umständlich, doch mit der Zeit bekommt man auch ein Gefühl dafür, welche Mengen noch vertretbar sind. Purine finden sich hauptsächlich in Fisch- und Fleischerzeugnissen, aber auch in Hülsenfrüchten und Spargel. Die Häute von Fisch und Fleisch sowie deren Innereien sind wahre Purin-Bomben. Nach neueren Erkenntnissen ist aber ein vollständiger Verzicht nicht notwendig!
Des Weiteren müssen alkoholische Getränke –aber auch alkoholfreies Bier- wegen ihres hohen Purin- und Fruchtzuckergehalts konsequent gemieden werden.
Neueste Studien zeigten einen Zusammenhang zwischen Fruchtzucker und Gicht. Die Ausscheidung der Harnsäure kann durch Fruchtzucker behindert werden, sodass mit weiteren Gichtanfällen zu rechnen ist. Fruktose befindet sich nicht ausschließlich in Obst und

Säften, sondern auch in unzähligen Fertigprodukten wie Pizza, Eiscreme oder Keksen. Beachten Sie auf den Zutatenlisten die Begriffe: Fruktose-Glucose-Maissirup.Der Gesundheit zuträglich ist es für jedermann, nicht nur für Betroffene, den Verzehr von Weißmehl, Zucker und Fertigprodukten soweit wie irgend möglich zurückzufahren.Bei Gicht anzuraten ist eine Ernährung basierend auf viel frischem Gemüse, Milchprodukten und Eiern.Ein ganz wichtiger Punkt ist die Flüssigkeitsaufnahme. Trinken, trinken und nochmals trinken, 2-3 Liter Flüssigkeit am Tag dürfen es ruhig sein. Natürlich hauptsächlich Wasser, aber auch ungesüßte Früchte- und Kräutertees sind erlaubt, darüber hinaus auch 2-3 Tassen frisch aufgebrühter Kaffee.

Verfallen Sie nicht in den Fehler, Extremdiäten oder radikale Fastenkuren zu probieren. Durch einen allzu raschen Abbau von Fett und Muskelmasse bilden sich sogenannte Ketonkörper, die die Harnsäure-Ausscheidung blockieren und sogar akute Gichtanfälle verursachen können.
Falls Sie also abnehmen wollen bilden Sie ein kleines Kaloriendefizit. Liegt ihr täglicher Verbrauch inklusive Aktivität beispielsweise bei 2000 ckal, nehmen sie 1800 ckal zu sich. Ein Kilogramm Fett wird bei einer Reduktion von 7000 ckal verschwinden, was bei 200ckal/ Tag 35 Tage macht. Ist Ihnen dies zu langsam tasten Sie sich nur langsam an ein größeres Defizit heran. Um Ihren Verbrauch zu bestimmten gibt es online einige Kalorienrechner mit denen Sie erstmal eine grobe Vorstellung bekommen und sich dann mit der Zeit an Ihren genauen Wert tasten können.

Fürstliches Frühstück – leichtes Abendessen

Amaranth-Schnitten

Kalorien: 815 kcal, Harnsäure 47,7 mg, Portion: 102 kcal/ 6 mg

Zutaten für 8 Portionen:

- 80 g Rohrzucker
- 50 ml Orangensaft
- 30 g Joghurtbutter
- 5 EL 5-Korn-Getreideflockenmischung – 40 g
- 10 EL Amaranth-Pops – 40 g
- Öl
- 150 g gelbe oder Rote Johannisbeeren
- 150 g Frischkäse – 13% Fett
- 150 g Magerquark
- 1 EL flüssiger Honig – 20 g
- Flüssiger Süßstoff

Zubereitung:

1. Rohrzucker in einen Topf geben und erhitzen, bis er geschmolzen und karamellisiert ist. Orangensaft und Joghurtbutter hinzufügen und 2 Minuten unter ständigem Rühren kochen lassen, bis eine homogene Masse entstanden ist.
2. Auf einer Arbeitsfläche einen Bogen Backpapier legen. Getreideflocken und Amaranth unter die Karamellmischung heben und diese sofort auf das Backpapier geben, mit einem zweiten Bogen Backpapier belegen.
3. Mit einem Nudelholz oder einer Flasche nun ein Rechteck ausrollen, das ca. 30x15cm groß ist. Oberes Backpapier entfernen, die Masse vollständig auskühlen lassen.

4. Ein großes Messer leicht einölen, damit die Masse in 8 Quadrate schneiden und die Quadrate voneinander trennen.
5. Nun mit dem Backpapier auf ein Backblech ziehen. Im auf 200°C vorheizten Backofen etwa 8 Minuten auf mittlerer Schiene backen.
6. Die Schnitten auf dem Backpapier auskühlen lassen. Johannisbeeren waschen, 8 kurze Rispen zur Seite legen. Die Beeren von den übrigen Rispen abstreifen. In einer Rührschüssel Frischkäse, Quark und Honig verrühren, die Johannisbeeren unterheben, mit Süßstoff abschmecken.
7. Die Creme auf den Amaranth-Schnitten verteilen, mit den Rispen garnieren.

Auberginen-Bruschetta

Kalorien: 1314 kcal, Harnsäure 266,8 mg, Portion: 329 kcal/ 66,7 mg

Zutaten für 4 Portionen:

- 2 Auberginen – ca. 600 g
- 2 EL Olivenöl
- 4 Zweige Thymian
- Pfeffer und Salz
- ½ Zitrone
- 3 Stiele Basilikum
- 1 große Knoblauchzehe
- ½ Krustenbrot – ca. 250 g
- Grobes Meersalz

Zubereitung:

1. Auberginen waschen, trocknen und längs halbieren. Fruchtfleisch mehrmals einritzen, dann auf ein Backblech legen. Etwas Olivenöl auf die Auberginen träufeln.
2. Thymian abspülen und trockenschleudern. Auberginen würzen, dann den Thymian darauf verteilen. Im auf 200°C vorgeheizten Backofen etwa 40 Minuten garen.
3. Dann die Auberginen aus dem Ofen nehmen, abkühlen lassen. Thymian entfernen. Zitrone auspressen. Mit einem Löffel das Fruchtfleisch auskratzen, fein hacken und in eine Schüssel geben. Das Mus mit Pfeffer, Salz und 2 EL Zitronensaft abschmecken.
4. Basilikum abspülen, die Blätter abzupfen, fein hacken und unter das Mus heben.
5. Knoblauch halbieren. Das Brot in 1 cm dicke Scheiben schneiden und mit dem Knoblauch einreiben.
6. In einer erhitzten Pfanne die Brotscheiben beidseitig knusprig braun rösten.
7. Das Mus auf dem Brot verteilen, mit grobem Meersalz bestreuen und servieren.

Avocado-Crostini mit Ziegenkäse

Kalorien: 860 kcal, Harnsäure 163 mg, Portion: 215 kcal/ 40,8 mg

Zutaten für 4 Portionen:

- 1 Ciabatta – ca. 200 g
- 1 Avocado
- 1 Zitrone
- 1 Knoblauchzehe
- 125 g junger Ziegenkäse – ohne Rinde
- Pfeffer und Salz
- 10 Kirschtomaten
- ½ Bund Schnittlauch

Zubereitung:

1. Ciabatta in ca. 1 cm dicke Scheiben schneiden, diese auf den Rost des Backofens legen. Backofen auf 200°C vorheizen, darin die Brotscheiben goldbraun backen. Danach auskühlen lassen.
2. Avocado halbieren, entsteinen, das Fruchtfleisch auslösen und in eine Schale geben.
3. Zitrone auspressen. Knoblauch schälen, grob hacken. Ziegenkäse zerbröckeln. Nun den Käse, 2 TL Zitronensaft und den Knoblauch zum Fruchtfleisch geben und fein pürieren. Alles salzen und pfeffern.
4. Tomaten waschen und vierteln.
5. Die Avocadocreme auf die Brotscheiben verteilen, mit Tomatenstücken belegen. Schnittlauch abspülen und trocknen, die Halme 1-2-mal durchschneiden und auf den Crostini verteilen.

Beeren-Smoothie-Bowl

Kalorien: 2433 kcal, Harnsäure 697,4 mg, Portion: 608 kcal/ 174,4 mg

Zutaten für 4 Portionen:

- 600 g Heidel-, Him- oder Brombeeren
- 2 kleine Bananen
- 3 EL Acai-Pulver
- 600 g Joghurtalternative aus Soja
- 200 ml Mandeldrink
- 2 EL heller Sesam
- 2 EL gehobelte Mandeln
- 2 EL Sonnenblumenkerne
- 2 EL Kürbiskerne

Zubereitung:

1. Die Beeren waschen, von den Brombeeren und Heidelbeeren jeweils
   50 g beiseitelegen. Bananen schälen, in Stücke schneiden und mit den Beeren, der Joghurtalternative, Acai-Pulver und Mandeldrink pürieren. Dann in 4 Bowls aufteilen.
2. Sesam, Mandeln, Sonnenblumen- und Kürbiskerne in einer Pfanne bei mittlerer Hitze anrösten, danach 3-4 Minuten auskühlen lassen.
3. Die Bowls mit den Kernen und den übrigen Beeren anrichten.

Bunter Tomatensalat mit Frischkäse

Kalorien: 1595 kcal, Harnsäure 80,4 mg, Portion: 399 kcal/ 20,1 mg

Zutaten für 4 Portionen:

- 250 g rote Cherrytomaten
- 250 g gelbe Cherrytomaten
- 1 kleine rote Zwiebel
- 1 Knoblauchzehe
- ½ Bund Basilikum
- 3 EL Olivenöl
- Pfeffer und Salz
- ¼ Bund Rucola
- 200 g körniger Frischkäse

Zubereitung:

1. Die Tomaten waschen und halbieren. Knoblauch und Zwiebel schälen, Zwiebel halbieren, in Ringe schneiden. Knoblauch fein hacken.
2. Basilikum waschen, trocknen und fein hacken.
3. Die Tomaten mit Zwiebeln, Knoblauch, Basilikum und Öl vermischen, mit Pfeffer und Salz abschmecken. Rucola waschen und trocknen.
4. Den Tomatensalat mit Frischkäse und Rucola anrichten.

Eier im Glas

Kalorien: 524 kcal, Harnsäure 82,8 mg, Portion: 131 kcal/ 20,7 mg

Zutaten für 4 Portionen:

- 1 Zucchini – 200 g
- 1 Tomate
- 1 Frühlingszwiebel
- 4 Eier – Gr. S
- 2 Stiele Dill
- 1 TL Olivenöl
- Pfeffer, Salz und Tabasco

Zubereitung:

1. Zucchini waschen und fein würfeln. Tomate waschen, den Stielansatz herausschneiden, das Fruchtfleisch fein würfeln. Frühlingszwiebel waschen, in ganz feine Ringe schneiden. Zucchini, Tomate und Zwiebel in einer Schüssel vermischen.
2. Eier in Kochwasser 5-6 Minuten kochen.
3. Inzwischen den Dill waschen, die Spitzen abzupfen. Ca. 2/3 grob hacken und mit Olivenöl unter die Gemüse heben.
4. Mit den Gewürzen scharf abschmecken. Die Salsa in Gläser füllen, 4 TL Salsa für das Garnieren behalten.
5. Eier abspülen und abpellen. Dann jeweils 1 Ei in eine Glas geben, ober einschneiden, das Eigelb soll sichtbar sein. Mit restlicher Salsa und Dill garnieren und sofort servieren.

Exotisches Müsli mit Früchten

Kalorien: 605 kcal, Harnsäure 122,1 mg, Portion: 303 kcal/ 61 mg

Zutaten für 2 Portionen:

- 1 kleine Papaya
- 1 Kiwi
- 1 nicht zu reife Kaki
- 100 g Kokosmüsli – Fertigprodukt
- 200 ml Kokoswasser

Zubereitung:

1. Papaya halbieren, Kerne entfernen und dann schälen. Fruchtfleisch klein würfeln. Kiwi schälen und Fruchtfleisch fein würfeln.
2. Kaki waschen, den Steilansatz herausschneiden, das Fruchtfleisch würfeln.
3. Nun das Müsli und die Früchte auf Schalen verteilen und mit Kokoswasser übergießen.

Fruchtig-Pikantes Quarkbrötchen

Kalorien: 579 kcal, Harnsäure 88,4 mg, Portion: 579 kcal/ 88,4 mg

Zutaten für 1 Portion:

- 1 kleiner Apfel
- ½ kleine Zitrone
- 1 TL Rapsöl
- Pfeffer und Salz
- 5 EL Magerquark
- Ein 2cm langes Stück frischer Meerrettich
- 1 flaches Roggenbrötchen
- 1 Frühlingszwiebel

Zubereitung:

1. Apfel waschen, mit dem Kernausstecher entkernen, in dünne Scheiben schneiden. ½ Zitrone auspressen.
2. Eine Grillpfanne mit dem Öl auspinseln, darin die Apfelscheiben beidseitig goldbraun braten, pfeffern und salzen und auskühlen lassen.
3. Meerrettich schälen und fein reiben. Dann mit dem Zitronensaft vermischen und in einer Schüssel unter den Quark rühren.
4. Brötchen halbieren, die Schnittflächen mit dem Quark bestreichen, mit Apfelscheiben belegen und mit Zwiebelringen bestreuen.

Haferflocken-Kaiserschmarrn mit Heidelbeeren

Kalorien: 815 kcal, Harnsäure 47,7 mg, Portion: 102 kcal/ 6 mg

Zutaten für 2 Portionen:

- 2 Eier
- 1 ½ EL Zucker
- 1 Prise Salz
- 125 g Heidelbeeren
- 125 ml Milch – 1,5% Fett
- 3 gestrichene EL Mehl
- 5 EL zarte Haferflocken
- 2 TL Rapsöl
- 1 TL Butter
- 1 TL Puderzucker

Zubereitung:

1. Eier trennen, die Eigelbe in eine Rührschüssel, die Eiweiße in ein hohes Gefäß geben. Eiweiße mit ½ EL Zucker und Salz steif schlagen, dann in den Kühlschrank stellen.
2. Heidelbeeren waschen, trocknen und verlesen.
3. Rest vom Zucker, Mehl, Milch und Haferflocken in die Schüssel zum Eigelb geben und gut verrühren. 10-15 Minuten quellen lassen.
4. Den Eischnee unter den Teig heben. In einer großen Pfanne 1 TL Öl erhitzen.
5. Den Teig in die Pfanne geben, etwa 2/3 der Beeren darüber streuen, dann etwa 4 Minuten bei mittlerer Hitze backen, bis die untere Seite fest ist. Den Pfannkuchen wenden, den Rest Öl dazugeben und 1-2 Minuten weiterbacken.
6. Noch in der Pfanne den Pfannkuchen mit 2 Pfannenwendern in Stücke zupfen, Butter hinzufügen und weitere 1-2 Minuten backen, dabei die Pfanne etwas rütteln, damit nichts anbackt.
7. Auf Teller verteilen, die übrigen Heidelbeeren drüberstreuen und mit Puderzucker bestreuen.

Hafer-Pinienkern-Crunchies

Kalorien: 2120 kcal, Harnsäure 242,6 mg, Portion: 212 kcal/ 24,2 mg

Zutaten für 10 Portionen:

- 75 g Pinienkerne
- 250 g kernige Haferflocken
- 2 TL Zimt
- 1 Prise Salz
- 50 ml Honig
- 50 ml Ahornsirup
- 2 EL Rapsöl
- 50 g getrocknete Kirschen

Zubereitung:

1. Pinienkerne hacken und mit Haferflocken, Salz und Zimt in einer Schüssel gut vermischen.
2. In einem Topf Honig, Sirup und Öl verrühren und zum Kochen bringen, dabei das Rühren nicht vergessen. Danach unter die Haferflocken heben.
3. Die Flockenmischung auf einem mit Backpapier ausgelegten Backblech verteilen.
4. Den Backofen auf 125°C vorheizen. Dann das Ganze ca. 75 Minuten backen, 2-3-mal zwischendurch wenden.
5. Nachdem die Crunchies abgekühlt sind, mit den Kirschen mischen und in verschließbare Gläser füllen, sie halten sich ca. 3 Wochen.

Harzer Roggenbrot mit Radieschen

Kalorien: 207 kcal, Harnsäure 39,2 mg, Portion: 207 kcal/ 39,2 mg

Zutaten für 1 Portion:

- 75 g Harzer Käse
- 5 Radieschen
- 1 Frühlingszwiebel
- 1 EL grober Senk
- 1 TL Honig
- 2 Scheiben Roggen-Vollkornbrot

Zubereitung:

1. Den Käse in Scheiben schneiden. Frühlingszwiebel waschen, in feine Ringe schneiden. Die Radieschen waschen, in ganz dünne Scheiben schneiden.
2. Brotscheiben leicht toasten. Senf und Honig verrühren und damit die Roggenbrotscheiben bestreichen.
3. 1 Scheibe Brot mit Harzer und Radieschen belegen, darüber die Frühlingszwiebeln streuen. 2. Brotscheibe auflegen.

Knäcke mit Gurkenquark

Kalorien: 226 kcal, Harnsäure 48 mg, Portion: 226 kcal/ 48 mg

Zutaten für 1 Portion:

- 1 Salatgurke – 50 g
- 1 EL Magerquark – 20 g
- 1 EL kohlensäurehaltiges Mineralwasser
- Pfeffer und Salz
- 1 kleine Möhre
- 2 Radieschen
- 20 g Sprossen (Radieschensprossen o.ä.)
- 1 Scheibe Vollkorn-Knäckebrot

Zubereitung:

1. Gurke waschen und längs halbieren. Mit einem Teelöffel entkernen, dann auf einer Kastenreibe raspeln.
2. In einer kleinen Schüssel Quark und Mineralwasser verrühren, Gurkenraspel untermischen, mit Pfeffer und Salz abschmecken.
3. Die Möhre waschen, schälen und fein raspeln. Radieschen waschen, putzen und in Scheiben schneiden.
4. In einem Sieb die Sprossen abspülen und trocken schütteln.
5. Knäckebrot mit dem Quark bestreichen, Möhre, Radieschen und Sprossen darauf geben.

Kräuter-Rührei auf Tomaten-Baguette

Kalorien: 851 kcal, Harnsäure 130 mg, Portion: 425 kcal/ 65 mg

Zutaten für 2 Portionen:

- ½ Bund Frühlingszwiebeln
- 3 Eier
- 3 EL Milch – 1,5% Fett
- 2 EL TK-Mischkräuter
- Pfeffer und Salz
- 4 dünne Scheiben Vollkorn-Baguette
- 2 Tomaten

Zubereitung:

1. Frühlingszwiebeln waschen, putzen, in feine Ringe schneiden. In einer Schüssel mit Eiern, Milch und Kräutern vermischen, mit Salz und Pfeffer würzen.
2. Die Masse in einer Pfanne bei kleiner Hitze stocken lassen, dabei die Eimasse mit einem Pfannenwender mehrmals vom Rand zur Mitte ziehen.
3. Baguettescheiben toasten.
4. Eine Tomate waschen, Stielansätze herausschneiden. Dann halbieren und mit den Schnittflächen jeweils eine Seite der Baguettescheiben einreiben, sodass sich die Scheiben vollsaugen können. Dann pfeffern und salzen.
5. 2. Tomate in Spalten schneiden. Das Rührei auf dem Brotscheiben anrichten, mit den Tomaten garnieren.

Pancakes mit Obst

Kalorien: 950 kcal, Harnsäure 262,5 mg, Portion: 238 kcal/ 65,6 mg

Zutaten für 4 Portionen:

- 1 Banane
- 150 g Dinkelvollkornmehl
- 1 Prise Vanillepulver
- 1 Prise Salz
- 275 ml Buttermilch – 1% Fett
- 1 Ei
- ¾ TL Backpulver
- 1 Grapefruit
- ½ Granatapfel – 150 g
- 2 TL Rapsöl

Zubereitung:

1. Die Banane schälen, dann zerdrücken. Das Mus mit dem Mehl, Vanille und Salz mischen. Milch mit dem Ei verquirlen, zur Mehlmischung geben und einen glatten Teig rühren. Dann 15-20 Minuten quellen lassen. Backpulver dazugeben und nochmal verrühren.
2. Grapefruit dick schälen, die weiße Innenhaut muss entfernt werden. Die Grapefruitfilets herausschneiden und stückeln. Kerne aus dem Granatapfel lösen.
3. In einer Pfanne 1 TL Öl erhitzen, 4 Teigklecks hineingeben und pro Seite 3-4 Minuten goldbraun backen. Mit dem übrigen Teig genauso verfahren.
4. Die Pancakes mit den Früchten garnieren.

Polenta-Taler

Kalorien: 500 kcal, Harnsäure 25 mg, Portion: 125 kcal/ 6,25 mg

Zutaten für 4 Portionen:

- 1 Knoblauchzehe
- ½ Liter Gemüsebrühe
- Salz
- 125 g Maisgrieß
- Pfeffer
- Olivenöl

Zubereitung:

1. Knoblauch schälen und mit der Brühe und etwas Salz zum Kochen bringen. Zur kochenden Flüssigkeit nun unter Rühren den Maisgrieß geben. Dann die Hitze reduzieren, die Polenta ca. 40 Minuten bei kleiner Hitze garen lassen, dabei oft umrühren.
2. Eine Auflaufform dünn mit Öl bepinseln. Polenta würzen und in die Auflaufform geben, mit einem Löffel ca. 2 cm dick verstreichen und dann abkühlen lassen.
3. Die kalte Polenta auf eine Arbeitsfläche stürzen und in die gewünschten Formen schneiden. Dann jedes Stück dünn mit Olivenöl einpinseln. In einer beschichteten Pfanne 3-5 Minuten pro Seite braten.
4. Passt gut zu Geflügel und Schmorgerichten.

Quark-Eier-Baguette

Kalorien: 340 kcal, Harnsäure 58,9 mg, Portion: 340 kcal/ 58,9 mg

Zutaten für 1 Portion:

- 1 Ei
- 1 Bund Frankfurter Kräuter
- ½ Zitrone
- 3 EL Magerquark
- Pfeffer und Salz
- 2 grüne Salatblätter
- 1 Vollkorn-Baguettebrötchen
- Edelsüßes Paprikapulver

Zubereitung:

1. Das Ei in 8-10 Minuten hart kochen, danach abschrecken, pellen, mit dem Messer oder Eierschneider in Würfel schneiden.
2. Inzwischen die Kräuter waschen und trockenschütteln. Die groben Stiele entfernen, die Kräuter fein hacken.
3. Zitrone auspressen. Quark, Kräuter, Pfeffer und Salz sowie Zitronensaft gut verrühren. Das Ei untermischen.
4. Salat waschen, trocknen. Brötchen halbieren, eine Hälfte mit Salatblättern belegen, den Kräuterquark darauf verteilen, mit Paprikapulver würzen und die andere Brothälfte auflegen.

Toastbrötchen mit Blauschimmelkäse

Kalorien: 715 kcal, Harnsäure 79 mg, Portion: 357 kcal/ 39,5 mg

Zutaten für 2 Portionen:

- 1 kleine Zwiebel
- 1 kleine Knoblauchzehe
- 4 Pflaumen
- 1 TL Olivenöl
- Pfeffer und Salz
- ¼ kleiner Friseesalat
- 2 Toastbrötchen
- 40 g Blauschimmel-Weichkäse – 50% Fett

Zubereitung:

1. Die Zwiebel schälen, in Ringe schneiden. Knoblauch schälen und hacken. Pflaumen waschen, halbieren und entsteinen, evtl. in kleinere Stücke schneiden.
2. In einer Pfanne das Olivenöl erhitzen, darin Zwiebeln, Knoblauch und Pflaumen zugedeckt 8 Minuten bei mittlerer Hitze braten. Dann würzen und in eine Schüssel füllen, dort abkühlen lassen.
3. Den Friseesalat waschen, trocknen, putzen und zerteilen. Die Brötchen halbieren und Toasten. Auf den unteren Hälften die Pflaumenmasse verteilen, Salat darauf geben.
4. Den Käse in 4 Scheiben schneiden und auf den Salat geben. Obere Brötchenhälften drauflegen und andrücken.
5. Sollen die Brötchen nicht sofort verzehrt werden, kann man sie mit Küchengarn zubinden, in Alufolie wickeln oder in einer Frischhaltedose verwahren.

Vanille-Grießbrei mit Äpfeln und Nüssen

Kalorien: 665 kcal, Harnsäure 27 mg, Portion: 332 kcal/ 13 mg

Zutaten für 2 Portionen:

- 2 feste rote Äpfel
- 1 EL Honig
- 1 TL Zimt
- 1 Vanilleschote
- 400 ml Milch – 1,5% Fett
- 1 Prise Salz
- 50 g Vollkorn-Weizengrieß
- 1 EL Rohrzucker
- 40 g Walnusskerne
- Zitronenmelisse

Zubereitung:

1. Äpfel waschen, achteln, entkernen. Dann mit dem Honig, 4 EL Wasser und Zimt in einem Topfeinmal aufkochen lassen, dann bei reduzierter Hitze 4-5 Minuten dünsten.
2. Aus der Vanilleschote das Mark kratzen und mit der Milch und Salz aufkochen.
3. Grieß und Rohrzucker mischen, dann mit einem Schneebesen langsam in die Milch rühren und alles nochmal zum Kochen bringen. Danach 4 Minuten zugedeckt quellen lassen.
4. Walnüsse hacken. Den Grießbrei gut durchrühren, in Schalen füllen und Nüsse und Äpfel darauf geben. Evtl. noch mit Zitronenmelisse dekorieren.

Wildreis-Müsli

Kalorien: 798 kcal, Harnsäure 133,3 mg, Portion: 133 kcal/ 22,2 mg

Zutaten für 6 Portionen:

- 75 g Wildreis
- 1 TL Butter für die Form
- 50 g getrocknete Aprikosen
- 75 g Perlgraupen
- 30 g kernige Haferflocken
- 30 g Bulgur
- 50 g getrocknete Cranberries
- 1 EL Ahornsirup
- 1 Prise Salz

Zubereitung:

1. In ½ Liter Wasser den Wildreis 20 Minuten kochen lassen, danach in ein Sieb abgießen und abtropfen lassen. Eine Auflaufform mit ca. 3 l Inhalt ausbuttern.
2. Aprikosen hacken und mit allen Zutaten und dem Reis in die Form geben.
3. In die Form ½ Liter Wasser füllen und alles gut durchmischen. Dann mit Alufolie verschließen. Im auf 180°C vorgeheizten Backofen ca. 80 Minuten garen, dabei ab und zu umrühren.
4. Das Müsli muss vollständig ausgekühlt sein, bevor es abgefüllt und kühl gelagert werden kann. Es halt sich etwa 5 Tage frisch.
5. Zum Verzehr werden einige Löffel Müsli mit Milch erhitzt und nach Geschmack mit Beeren und Obst serviert.

Ziegenkäse-Sandwich

Kalorien: 370 kcal, Harnsäure 77 mg, Portion: 185 kcal/ 38,5 mg

Zutaten für 2 Portionen:

- 1 EL Preiselbeeren – aus dem Glas
- 2 TL Dijonsenf
- ½ Chicorée
- 3 Blatt Friseesalat
- 4 Scheiben Vollkorntoast
- 4 Scheiben Ziegengouda

Zubereitung:

1. Die Beeren mit dem Senf verrühren. Friseesalat und Chicorée waschen und trocken schleudern. Dann in mundgerechte Stücke teilen.
2. 2 Toastscheiben einseitig mit dem Preiselbeersenf bestreichen, Salatblätter auflegen und mit Käse belegen.
3. Die übrigen Toasts mit dem Senf bestreichen und als Deckel auflegen.
4. Sollen die Tramezzini nicht sofort verzehrt werden, in Frischhaltefolie gewickelt kalt stellen.

Smoothies für Frühstücksmuffel

Gemüse-Smoothie No. 1

Kalorien: 441 kcal, Harnsäure 122,4 mg, Portion: 220 kcal/ 61 mg

Zutaten für 2 Portionen:

- 200 g Erdbeeren
- 200 g Himbeeren
- 1 Granatapfel
- 200 g rote Weintrauben
- 50 g getrocknete Goji-Beeren
- 250 ml Rote Bete-Saft
- 1 Handvoll Sprossen
- 3 Himbeerblätter
- Nach Belieben brauner Zucker

Zubereitung:

1. Erdbeeren waschen, in Stücke schneiden. Himbeeren verlesen. Granatapfel halbieren, Kerne herausklopfen. Trauben waschen.
2. Beeren, Trauben, Granatapfelkerne, Gojibeeren und Rote Bete-Saft in ein hohes Gefäß geben. Sprossen und Himbeerblätter dazugeben, alles fein pürieren, evtl. noch etwas kaltes Wasser dazugießen.
3. Nach Geschmack mit Zucker abschmecken. Dann auf Gläser verteilen und servieren.

Gemüse-Smoothie No. 2

Kalorien: 470 kcal, Harnsäure 304 mg, Portion: 470 kcal/ 304 mg

Zutaten:

- 2 Möhren
- 3 Stangen Staudensellerie
- 1 rote Paprika
- 1 Schalotte
- 1 Knoblauchzehe
- 1 gekochte Kartoffel
- 8 cl Gin
- 2 EL Zitronensaft
- 400 ml Tomatensaft
- 10 EL gestoßenes Eis
- Tabasco
- Salz
- Schwarzer Pfeffer aus der Mühle

Zubereitung:

1. Möhren schälen, kleinschneiden. Sellerie waschen, in Stücke schneiden. Paprika waschen, halbieren, Kerne und die weißen Zwischenwände entfernen, kleinschneiden.
2. Schalotte und Knoblauch schälen, in Würfel schneiden. Kartoffel schälen und zerkleinern.
3. Die vorbereiteten Zutaten –bis auf Sellerie- mit Gin, Zitronen- und Tomatensaft sowie dem Eis in einem hohen Gefäß pürieren. Mit Tabasco, Salz und Pfeffer abschmecken.
4. Den Sellerie bis zur Hälfte in kleine Streifen einschneiden, in Eiswasser legen, dann gehen die Sellerieblumen auf. Als Dekoration an die Gläser stecken.

Goldene Milch

Kalorien: 342 kcal, Harnsäure 23,5 mg, Portion: 342 kcal/ 23,5 mg

Zutaten:

- ½ TL Zimtpulver
- 1 EL Kurkumapulver
- ¼ TL Korianderpulver
- 1 gehäufter TL frisch gemahlener Ingwer
- 120 ml Wasser
- 1 Tasse Mandel- oder Hafermilch
- Nach Geschmack Agavendicksaft
- ½ TL Kokosöl
- Frisch gemahlener schwarzer Pfeffer

Zubereitung:

1. In einem Topf Zimt, Kurkuma, Koriander, Ingwer und Wasser 5 Minuten bei schwacher Hitze aufkochen, bis eine dickliche Masse entstanden ist.
2. In einem Schraubglas im Kühlschrank lagern, die Paste hält sich etwa 4 Tage frisch.
3. Zum Zubereiten die warme Milch mit ca. 1 TL der Paste verrühren, mit Agavendicksaft süßen, einen Schuss Kokosöl dazugeben und ein wenig Pfeffer darüber streuen.

Gurken-Kefir-Smoothie

Kalorien: 557 kcal, Harnsäure 46,4 mg, Portion: 557 kcal/ 46,4 mg

Zutaten für 4 Portionen:

- 1 Salatgurke – ca. 500 g
- 3 Stiele Koriander
- 500 ml Kefir – 1,5% Fett
- Pfeffer und Salz

Zubereitung:

1. Gurke waschen, in Scheiben schneiden. Einige Scheiben für die Garnitur zur Seite legen.
2. Koriander waschen, trockenschütteln, Blätter zupfen und grob hacken. Gurke und Koriander mit dem Kefir in ein hohes Gefäß geben, mit dem Stabmixer fein pürieren.
3. Den Smoothie mit Pfeffer und Salz abschmecken, auf die Gläser verteilen, mit Gurkenscheiben garnieren.

Kresse-Cocktail mit Gurke

Kalorien: 76 kcal, Harnsäure 48,5 mg, Portion: 76 kcal/ 48,5 mg

Zutaten:

- 1 Beet Gartenkresse
- ½ Salatgurke – ca. 350 g
- 100 ml Selleriesaft
- Eiswürfel

Zubereitung:

1. Kresseblättchen vom Beet schneiden, 1 TL für die Garnitur zur Seite legen. Die restlichen in ein hohes Gefäß geben.
2. Gurke putzen, schälen, 1 dicke Scheibe abschneiden, Rest grob würfeln. Kresse, Gurkenwürfel, Selleriesaft und die Eiswürfel sehr fein pürieren.
3. In ein Glas füllen, mit Kresse und Gurkenscheibe garniert servieren.

Mango-Bananen-Drink

Kalorien: 321 kcal, Harnsäure 96,6 mg, Portion: 160 kcal/ 48,3 mg

Zutaten für 2 Portionen:

- 5 Saftorangen
- 1 kleine reife Mango
- 1 reife Banane
- 150 g Joghurt – 0,3% Fett

Zubereitung:

1. Orangen halbieren, Saft auspressen. Mango schälen, Fruchtfleisch in Scheiben vom Stein schneiden, dann groß würfeln. Banane schälen, in Stücke brechen.
2. Alle Zutaten in einem hohen Gefäß mit dem Stabmixer fein pürieren, dann in 2 Gläser abfüllen und servieren.

Möhren-Papaya-Shake

Kalorien: 748 kcal, Harnsäure 138,9 mg, Portion: 374 kcal/ 69,5 mg

Zutaten für 2 Portionen:

- 2 Möhren – ca. 200 g
- 1 kleine Papaya – ca. 350 g
- ½ Limette
- 2 EL Agavendicksaft
- 1 TL Rapsöl
- 300 g Dickmilch – 1,5% Fett
- 1 EL Sonnenblumenkerne
- 1 EL Kürbiskerne

Zubereitung:

1. Möhren putzen, waschen, schälen, grob raspeln.
2. Papaya längs halbieren, Kerne auslösen, die Hälften schälen, in dünne Scheiben, danach in ganz feine Würfel schneiden. Limette auspressen.
3. In einer Schüssel Möhren, Papaya. Limettensaft, Agavendicksaft und Öl mischen. Dickmilch unterrühren, mit Kernen bestreut servieren.

Pikanter Joghurt-Smoothie mit Kräutern

Kalorien: 310 kcal, Harnsäure 50 mg, Portion: 310 kcal/ 50 mg

Zutaten:

- ½ Limette
- 3 Stiele Minze
- 3 Stiele Koriander
- 100 g Joghurt – 0,1% Fett
- Salz und Pfeffer
- 125 ml eiskaltes Mineralwasser
- 1 Msp. gemahlener Kardamom – nach Geschmack
- Eiswürfel

Zubereitung:

1. Limette auspressen, Saft in ein hohes Glas geben. Kräuter abspülen, trockenschütteln. Von 1 Stiel Koriander Blätter zupfen und zur Seite legen. Den Rest und die Minze grob hacken, zum Limettensaft geben.
2. In das Glas nun Joghurt, Salz, Pfeffer und Eiswürfel füllen, mit dem Stabmixer gut mixen, dann mit Mineralwasser auffüllen, mit den Korianderblättchen garnieren, evtl. noch mit Kardamom bestäuben.

Sanddorn-Kefir-Drink

Kalorien: 610 kcal, Harnsäure 88mg, Portion: 305 kcal/ 44 mg

Zutaten für 2 Portionen:

- 400 ml Kefir
- 5 EL Sanddornvollfrucht – honiggesüßt
- 2 EL Agavendicksaft
- 2 EL Weizenkleie
- Eiswürfel

Zubereitung:

1. Alle Zutaten in ein hohes Gefäß geben und mit dem Stabmixer fein pürieren.
2. Den Drink in 2 Gläser füllen, sofort eiskalt servieren.

Weißer Tee-Smoothie

Kalorien:125 kcal, Harnsäure 8,4 mg, Portion: 125 kcal/ 8,4 mg

Zutaten:

- 1 Beutel weißer Tee
- 1 kleine Cherimoya
- 50 g Joghurt – 0,3% Fett
- ½ kleine Karambole
- Eiswürfel
- Nach Geschmack flüssiger Süßstoff

Zubereitung:

1. Mit 150 ml Wasser den Tee zubereiten, ca. 30 Minuten auskühlen lassen.
2. Die Cherimoya schälen, halbieren, entkernen, in Stücke schneiden. Dann mit Joghurt in ein hohes Gefäß geben, evtl. mit Süßstoff abschmecken.
3. Karambole abspülen, trockentupfen, in Scheiben schneiden.
4. Tee mit Eiswürfeln zum Joghurt geben, mit dem Stabmixer aufmixen, in ein Glas gießen, nach Geschmack nachsüßen. Mit den Karambolescheiben garnieren und sofort genießen.

Wildfrucht-Smoothie

Kalorien: 175 kcal, Harnsäure 15 mg, Portion: 175 kcal/ 15 mg

Zutaten:

- 1 Stiel Zitronenmelisse
- 50 g zuckerfreies Apfelmus
- 1 EL Hagebuttenmark
- 1 EL Sanddornmark
- 50 g Joghurt – 1,5% Fett
- 100 ml Dickmilch
- Eiswürfel

Zubereitung:

1. Melisse abspülen, trockenschleudern, Blättchen abzupfen. Apfelmus mit Hagebutten – und Sanddornmark in ein hohes Gefäß geben.
2. Joghurt und Milch hinzufügen, mit einem Stabmixer sehr fein pürieren. Eiswürfel in ein Glas geben, den Mix dazugießen und mit Melisse garnieren.

Wohlfühl-Smoothie

Kalorien: 395 kcal, Harnsäure 162 mg, Portion: 395 kcal/ 162 mg

Zutaten:

- 3 Bananen
- 1 Tasse Chai-Tee
- 1 Handvoll Cranberries
- ¼ TL Zimt
- Nach Geschmack Zitronensaft

Zubereitung:

1. Den Tee nach Packungsanweisung zubereiten.
2. Bananen schälen, grob teilen. Im Mixer mit den Cranberries, Zimt und Zitronensaft mixen. Den Tee dazugießen und alles pürieren.
3. Warm ist dieser Smoothie angenehmer zu genießen.

Brot-Spezialitäten

Bunte Zopfbrote

Kalorien: 3260 kcal, Harnsäure 505 mg, Portion: x kcal/ x mg

Zutaten:

- 300 ml lauwarmes Wasser
- 600 g Weizenmehl – Type 405 oder 550
- 30 g Sonnenblumenöl
- 25 g Frischhefe
- 1 ½ TL Salz
- 2 EL grünes Pesto
- 2 EL Tomatenmark
- 100 g frisch geriebener Parmesan
- 2 EL Öl
- Mehl zum Bearbeiten

Zubereitung:

1. Im Wasser zuerst die Hefe auflösen, dann Salz und Öl hinzufügen und verrühren. Mehl dazugeben und alles zu einem geschmeidigen Teig verkneten. Den Teig dritteln.
2. 1 Portion Teig mit dem Tomatenmark und etwas Mehl verkneten, bis wieder ein geschmeidiger Teig entsteht.
3. 1 weitere Portion Teig mit dem Pesto und Mehl zu einem geschmeidigen Teig kneten.
4. Die dritte Portion mit Parmesan und Öl verkneten.
5. Den gesamten Teig 20-30 Minuten zugedeckt ruhen lassen.
6. Den Backofen auf 200°C Ober/Unterhitze vorheizen.
7. Aus jeder Portion 8 Teile abteilen. Diese jeweils zu etwa 20 cm langen Rollen formen. Nun aus je einer roten, grünen und weißen Rolle einen Zopf flechten. Mit allen Rollen wiederholen, so dass 8 Zöpfe entstanden sind.

8. Die Zöpfe auf ein Backblech mit Backpapier legen und an einem warmen Ort zugedeckt etwa 30 Minuten gehen lassen.
9. Die Zöpfe noch mit etwas Öl bestreichen, dann 20 Minuten backen.

Dinkeltoastbrot mit Vollkorn

Kalorien: 2315 kcal, Harnsäure 685 mg, Portion: x kcal/ x mg

Zutaten:

- 250 g Dinkelvollkornmehl
- 200 g Dinkelmehl – Type 630
- 250 ml lauwarme Milch
- ½ Würfel Hefe
- 8 g Salz
- 1 EL Honig
- 40 g Butterschmalz

Zubereitung:

1. Hefe und Honig in der Milch auflösen. In einer Rührschüssel Mehl, Salz, Butterschmalz und Milchgemisch in der Küchenmaschine ca. 12 Minuten verkneten, den Teig dann etwa ½ Stunde bei Zimmertemperatur ruhen lassen. Danach nochmals durchkneten, weitere 10 Minuten ruhen lassen.
2. Nun den Teig auf die Länge der Kastenform aufrollen und hineinlegen, mit dem Schluss nach unten. Nochmal 60 Minuten an einem warmen Ort gehen lassen.
3. Im vorgeheizten Backofen (220°C) etwa 45 Minuten backen.

Dinkel-Weizen-Vollkornbrot

Kalorien: 3820 kcal, Harnsäure 1093 mg, Portion: x kcal/ x mg

Zutaten für 2 Brote:

- 500 g Weizen-Vollkornmehl
- 500 g Dinkel-Vollkornmehl
- 1 Handvoll Sonnenblumenkerne
- 1 Handvoll Leinsamen
- 1 EL Meersalz
- 1 Würfel Hefe
- 6 dl. zimmerwarmes Wasser
- 1 TL Honig

Zubereitung:

1. Im Wasser Hefe und Honig auflösen.
2. In einer großen Schüssel alle anderen Zutaten vermischen, das Hefewasser dazugeben und ca. 10 Minuten –von außen nach innen- kneten. Danach zugedeckt 20 Minuten ruhen lassen. Dann nochmal 10 Minuten kneten.
3. Backofen auf 230°C vorheizen.
4. Den Teig halbieren, zu Broten formen, oben diagonal etwas einritzen. Die Brote auf ein Backblech legen, 15 Minuten ruhen lassen.
5. Dann etwas Wasser in den Ofen schütten, die Brote 20 Minuten backen, weitere 30 Minuten bei 160°C zu Ende backen.

Irisches Sodabrot

Kalorien: 2275 kcal, Harnsäure 236 mg, Portion: x kcal/ x mg

Zutaten:

- 225 g Weizenmehl Typ 550
- 225 g Weizen-Vollkornmehl
- 1 Prise Salz
- 2 TL Natron
- 2 TL Weistein-Backpulver
- 3 EL Butter
- 1 TL Zucker
- 350 ml Buttermilch

Zubereitung:

1. Backofen auf 190°C vorheizen, ein Backblech mit Backpapier belegen.
2. Mehl, Salz, Natron und Backpulver mischen, Butter mit der Mischung zu Bröseln reiben, dann Zucker einrühren. Buttermilch dazugeben, bis ein weicher Teig entsteht.
3. Einen runden Laib formen, auf das Backpapier setzen. In die Oberfläche ein tiefes Kreuz schneiden. Das Brot noch mit Mehl bestäuben, dann 35-45 Minuten backen. Dabei eine Schale mit Wasser in den Backofen stellen.

Kernige Quarkbrötchen

Kalorien: 4037 kcal, Harnsäure 412 mg, Portion: x kcal/ x mg

Zutaten für 18 Stück:

- 40 g getrocknete Tomaten
- 50 g grüne Oliven ohne Stein
- 2 Zweige Rosmarin
- 500 g Weizenmehl Type 1050
- 1 Pckch. Backpulver
- 350 g Magerquark
- 2 Eier
- 5 EL Rapsöl
- 1 TL salz
- 2 EL Kürbiskerne
- 2 EL Sonnenblumenkerne
- 2 EL Leinsamen

Zubereitung:

1. Tomaten kleinschneiden, in eine Schüssel geben. 100 ml kochendes Wasser darüber gießen, zur Seite stellen. Oliven fein hacken. Rosmarin waschen, trockenschütteln, Nadeln abzupfen und fein hacken.
2. In einer Rührschüssel Mehl und Backpulver mischen, Quark, Eier, Öl und Salz dazugeben, alles zu einem glatten Teig bearbeiten.
3. Tomaten im Sieb abtropfen lassen, etwas ausdrücken.
4. Den Teig in 3 Teile teilen, unter jedes Drittel Oliven, Tomaten und Rosmarin kneten. Dann jeweils 6 Kugeln formen.
5. Auf je 1 kleinen Teller die Kerne und den Leinsamen geben, die Teiglinge mit einer Seite in einer der Sorten drücken.
6. Backofen auf 200°C vorheizen.
7. Auf ein Backblech Backpapier legen, darauf die Brötchen dicht an dicht aufsetzen. Dann auf mittlerer Schiene 25-30 Minuten backen.

Knoblauchbrot

Kalorien: 2675 kcal, Harnsäure 264 mg, Portion: x kcal/ x mg

Zutaten:

- 250 ml warmes Wasser
- 2 EL Zucker
- 1 TL Trockenhefe
- 3 TL Salz
- 3 EL Olivenöl
- 370 g Mehl
- 4 Knoblauchzehen
- 5 Stiele Petersilie
- 4 Zweige Thymian
- 90 g würziger Bergkäse

Zubereitung:

1. Das Wasser mit Zucker, Hefe und 2 EL Mehl verrühren, 15 Minuten ruhen lassen. In einer Schüssel Mehl, Salz, Hefemischung und 1 EL Öl in 10 Minuten zu einem glatten Teig verkneten. Dann ca. 1 Stunde zugedeckt gehen lassen, bis sich das Volumen etwa verdoppelt hat.
2. Den Backofen auf 200°C vorheizen.
3. Knoblauch schälen, fein hacken. Petersilie waschen, trockenschütteln, die harten Stiele abschneiden, den Rest sehr fein schneiden. Thymianblätter zupfen. Käse reiben. Die Zutaten und 50 ml Öl mischen, mit Salz abschmecken.
4. Den Boden einer eingefetteten Springform mit Backpapier auslegen. Den Teig nochmal durchkneten und zu einer Rolle formen. Ca. 6 cm dicke Scheiben schneiden. Die einzelnen Scheiben vorsichtig mit der Käsemischung mischen, dann gefächert in die Ringform setzen. Im Ofen etwa 35 Minuten goldbraun backen.

Knusprige Käse-Scones

Kalorien: 1125 kcal, Harnsäure 202 mg, Portion: 187 kcal/ 34 mg

Zutaten für 6 Stück:

- 125 g Dinkelmehl
- 2 TL Weinsteinbackpulver
- ½ TL salz
- 80 ml Milch
- 40 g kalte Butter – in Würfel geschnitten
- 100 g geriebenen Heumilchkäse – z.B. Woerle Großglockner
- Pfeffer aus der Mühle
- Frischen Thymian
- Milch zum Bestreichen

Zubereitung:

1. Mehl, Backpulver, Salz, Milch und Butter gut verkneten. Käse untermischen, der Teig ist etwas bröselig.
2. Auf einer bemehlten Arbeitsfläche den Teig zu einer etwa 2 cm dicken Scheibe drücken. Mit einem Glas runde Taler ausstechen. Diese mit Milch bestreichen, mit ein wenig Käse, Thymian und Pfeffer bestreuen.
3. Ein Backblech mit Backpapier auslegen, darauf die Scones verteilen. Dann bei 180°C etwa 15 Minuten goldbraun backen.
4. Die Scones passen gut zu Suppen aller Art.

Norwegisches Knäckebrot

Kalorien: 5470 kcal, Harnsäure 1100 mg, Portion: x kcal/ x mg

Zutaten:

- 400 g Haferflocken
- 300 g Roggenmehl
- 100 g Leinsamen
- 200 g Sesam
- 300 g Sonnenblumenkerne
- 1 TL Salz
- 1 EL Honig
- 700 ml Wasser

Zubereitung:

1. Die trockenen Zutaten in einer Schüssel gut vermischen.
2. In 100 ml erwärmten Wasser den Honig auslösen, dann das gesamte Wasser zu den trockenen Zutaten füllen und alles zu einem Teig kneten, diesen 10 Minuten ruhen lassen.
3. 2 Backbleche mit Backpapier belegen, darauf den Teig verteilen. Backofen auf 160°C Umluft vorheizen.
4. Ein Blech ganz oben, das andere auf der untersten Schiene einschieben. Etwa 10 Minuten backen, die Bleche herausholen, mit einem Pizzamesser den Teig in die gewünschten Knäckebrotgrößen schneiden.
5. Im Ofen weitere 20 Minuten backen lassen. Dann die Positionen der Bleche tauschen und weitere 20 Minuten backen. Die Temperatur auf 120° C senken und bei leicht geöffneter Ofentür ca. 10-20 Minuten trocknen lassen.

Vollkornbrot mit Buttermilch und Rübenkraut

Kalorien: 5370 kcal, Harnsäure 1205 mg, Portion: x kcal/ x mg

Zutaten für 3 Brote:

- 280 g Roggenschrot
- 280 g Weizenschrot
- 140 g Leinsamen
- 140 g Sesam
- 100 g Sonnenblumenkerne
- 500 g Weizen-Vollkornmehl
- 1 EL Jodsalz
- 1 Liter Buttermilch
- 250 g Rübenkraut
- 3 Würfel Hefe
- Haferflocken

Zubereitung:

1. In einem großen Topf Buttermilch, Rübenkraut und Hefe erwärmen.
2. Die übrigen Zutaten gut vermischen, dann zu der Milch geben und gut verrühren. Der Teig bleibt relativ flüssig.
3. Backofen auf 150°C vorheizen.
4. 3 Formen einfetten, mit Haferflocken ausstreuen. Teig einfüllen, etwa 10-15 Minuten gehen lassen. Dann 3 Stunden backen, dann Temperatur auf 100°C herunterschalten und nochmal ½ Stunde weiterbacken.

Alle Brote passen hervorragend auch zu Suppen und Salaten.

Feine Vorsuppen – gern gelöffelt – heiß begehrt!

Apfel-Sellerie-Suppe mit Fenchel

Kalorien: 870 kcal, Harnsäure 180 mg, Portion: 435 kcal/ 90 mg

Zutaten für 2 Portionen:

- 1 Zwiebel
- 1 Stück Knollensellerie – ca. 325 g
- 1 säuerlicher Apfel – ca. 175 g
- 2 EL Rapsöl
- 600 ml selbstgemachte Gemüsebrühe (Rezepte folgen)
- 1 kleine Fenchelknolle – ca. 200 g
- Pfeffer und Salz
- 100 ml Sojacreme

Zubereitung:

1. Zwiebel und Sellerie schälen, grob würfeln. Apfel schälen, vierteln, entkernen und in grobe Würfel schneiden.
2. In einem großen Topf 1 EL Öl erhitzen, die Zwiebeln 2-3 Minuten glasig dünsten. Apfel- und Selleriestücke dazugeben und ca. 1 Minute dünsten.
3. Brühe angießen, alles aufkochen lassen, dann bei kleiner Hitze 45 Minuten zugedeckt garen.
4. In der Zwischenzeit den Fenchel putzen, waschen und fein würfeln.
5. Das restliche Öl in einer Pfanne erhitzen, darin die Fenchelwürfel unter Rühren rösten, bis sie weich und gut gebräunt sind. Mit Pfeffer und Salz würzen und warmhalten.
6. In der Brühe alle Zutaten fein pürieren, die Suppe dann durch ein Sieb passieren und in den Topf zurückgießen. Die Sojacreme unterrühren und nochmal etwa 1 Minute erhitzen, dabei salzen und pfeffern. In angewärmte tiefe Teller verteilen, mit dem Fenchelwürfeln garnieren und servieren.

Flädlesuppe mit Schnittlauch

In Österreich heißt sie „Frittatensuppe“

Kalorien: 1080 kcal, Harnsäure 105 mg, Portion: 540 kcal/ 52 mg

Zutaten für 4 Portionen:

- 100 g Mehl
- 200 ml Milch – 1,5% Fett
- 2 Eier
- Salz
- 1 Möhre – ca. 100 g
- 1 Stück Knollensellerie – ca. 150 g
- 1 Stück Lauch – ca. 50 g
- 1,2 Liter selbstgemachte Gemüsebrühe
- 1 Bund Schnittlauch
- 4 TL Keimöl
- Pfeffer, Muskatnuss

Zubereitung:

1. Mehl, Milch, Eier und 1 Msp. Salz zu einem Teig rühren, diesen ca.
   ½ Stunde stehen lassen.
2. Möhre und Sellerie schälen, auf einer Reibe grob raspeln. Lauch längs halbieren, waschen, in dünne Streifen schneiden.
3. Die Brühe in einen Topf geben, das Gemüse dazugeben und aufkochen lassen. Etwa 20 Minuten bei kleiner Hitze zugedeckt ziehen lassen.
4. Inzwischen Schnittlauch waschen, trocknen und in Röllchen schneiden. Etwa die Hälfte in den Teig einrühren.
5. In einer Pfanne (ca. 28 cm Ø) 1 TL Keimöl erhitzen. Da hinein ¼ des Teiges geben und 1-2 Minuten bei mittlerer Hitze backen, dann wenden und nochmal 1-2 Minuten backen. Den heißen Pfannkuchen aus der Pfanne nehmen und aufrollen. Mit dem restlichen Teig genauso verfahren.

6. Den Gemüsefond durch ein feines Sieb gießen, das Gemüse ausdrücken, dann den Fond noch einmal aufkochen, mit den Gewürzen abschmecken.
7. Die Pfannkuchen quer in dünne Streifen schneiden, portionsweise in Teller verteilen. Darüber den Fond verteilen und mit den übrigen Schnittlauchröllchen bestreuen.

Geflügelbrühe – Grundrezept

Kalorien: 198 kcal, Harnsäure 91,5 mg, Portion: x kcal/ x mg

Zutaten:

- 3 kg Geflügelknochen – für den Fond
- 1 TL Salz
- 3 Zwiebeln
- 3 Möhren – ca. 300 g
- 1 Stange Lauch – ca. 250 g
- 12 schwarze Pfefferkörner

Zubereitung:

1. Die Geflügelteile im Sieb abspülen und abtropfen lassen. Dann grob hacken. Etwa 4 Liter Wasser in einen großen Topf geben, Knochen und etwas Salz hineingeben. Die Brühe zum Kochen bringen, aufsteigenden Schaum abschöpfen.
2. Möhren und Zwiebeln schälen, den Lauch putzen und waschen, alles in grobe Stücke schneiden. Das Gemüse mit dem Pfeffer in die Brühe geben, dann ca. 2 ½ Stunden auf kleiner Flamme kochen lassen, Schaum immer wieder abschöpfen. Danach die Brühe zunächst durch ein grobes, anschließend durch ein feines Sieb gießen.
3. Geflügelbrühe über Nacht kalt stellen, die hart gewordene Fettschicht am nächsten Tag abnehmen.
4. Die Brühe nochmal aufkochen, abschäumen, auf ca. 1,2 l einkochen lassen. Erkalten lassen. Sie bleibt im Kühlschrank etwa 3 Tage frisch. Einfrieren ist möglich, aber auch Abfüllen in Einmachgläser.

Gemüsebrühe – Grundrezept No. 1

Kalorien: 260 kcal, Harnsäure 146 mg, Portion: x kcal/ x mg

Zutaten für 1 Liter:

- 2 rote Zwiebeln
- 2 Petersilienwurzeln
- 250 g Knollensellerie
- 2 Zwiebeln
- 4 Möhren
- 2 Lorbeerblätter
- 4 Stängel Thymian
- ½ TL Pfefferkörner
- ½ TL Pimentkörner

Zubereitung:

1. Das Gemüse schälen, in grobe Stücke schneiden. In einem Topf mit ca. 1 ½ Liter Wasser langsam aufkochen lassen, dann halb zugedeckt weiter 30 Minuten köcheln lassen.
2. Lorbeer, Thymian, Piment und Pfeffer dazugeben, nochmal 30 Minuten köcheln lassen.
3. Zum Schluss die Brühe durch ein Sieb gießen. Sie kann jetzt verarbeitet werden.

Gemüsebrühe – Grundrezept No. 2

Kalorien: 240 kcal, Harnsäure 122 mg, Portion: x kcal/ x mg

Zutaten:

- 1 Möhre
- 2 Pastinaken
- 1 Stück Knollensellerie – ca. 250 g
- 1 Stange Lauch
- 2 Zwiebeln
- 1 Bund Petersilie
- 40 g Salz

Zubereitung:

1. Gemüse und Kräuter waschen und putzen. Möhre, Pastinaken und Sellerie raspeln. Den Lauch in dünne Ringe, die Zwiebeln in kleine Würfel schneiden. Kräuter fein hacken.
2. Gemüse und Kräuter vermischen. 2 Backbleche mit Backpapier belegen, drauf die Gemüsemischung verteilen. Backofen auf 80°C Umluft vorheizen. Die Bleche für etwa 3 ½ Stunden in den Ofen geben. Die Ofentür mit einem Kochlöffel einen Spalt breit geöffnet lassen.
3. Das getrocknete Gemüse mit Salz mischen und im Mixer fein mahlen. Im sauberen Schraubglas hält sich das Gemüsepulver etwa 1 Jahr.
4. Erlaubt ist, was schmeckt: Gemüse und Kräuter kann man natürlich nach Belieben variieren!

Grün-gelbe Geflügelsuppe

Kalorien: 556 kcal, Harnsäure 192 mg, Portion: 278 kcal/ 96 mg

Zutaten für 2 Portionen:

- 600 ml selbstgemachte Geflügelbrühe
- 25 g Parmesan
- 2 Eier
- Pfeffer
- 125 g frischer Blattspinat

Zubereitung:

1. In einem Topf die Brühe zum Kochen bringen. Parmesan fein reiben, dann mit den Eiern und Pfeffern gut verquirlen.
2. Die Stiele vom Spinat entfernen, waschen und trocknen. Dann in feine Streifen schneiden. Nun zur Brühe geben und alles 2 Minuten kochen.
3. Unter ständigem Rühren die Eimischung in die kochende Brühe geben und einmal aufkochen lassen.
4. Tassen vorwärmen und die Suppe einfüllen, geröstetes Vollkornbrot passt hervorragend dazu.

Italienische Gemüsesuppe

Kalorien: 1160 kcal, Harnsäure 352 mg, Portion: 580 kcal/ 176 mg

Zutaten für 2 Portionen:

- 75 g Vollkorn-Suppennudeln
- Salz
- 425 g weiße Bohnen – aus der Dose
- 2 Knoblauchzehen
- 1 Zwiebel
- 2 Standen Stangensellerie
- 2 Zucchini
- 100 g Spitzkohl
- 2 Tomaten
- 1 EL Öl
- 600 ml selbstgemachte Gemüsebrühe
- 200 g frische Erbsen (oder 50 g TK-Erbsen)
- Pfeffer und Salz
- 25 g Parmesan

Zubereitung:

1. In kochendem Salzwasser die Nudeln bissfest kochen. Die Bohnen im Sieb abspülen, abtropfen lassen. Knoblauch und Zwiebel schälen, dann fein hacken.
2. Das restliche Gemüse putzen und waschen. Sellerie in dünne Scheiben, den Kohl in schmale Streifen schneiden. Zucchini würfeln. Die Tomaten vierteln, entkernen und würfeln.
3. In einem Topf das Öl erhitzen, darin Knoblauch und Zwiebeln glasig dünsten. Das restliche Gemüse –bis auf die Tomaten- dazugeben und 2-3 Minuten andünsten. Brühe dazugeben, aufkochen und ¼ Stunde auf mittlerer Hitze kochen lassen. Nach ca. 10 Minuten die Erbsen hinzufügen.
4. Die Nudeln abgießen, abschrecken und abtropfen lassen, dann mit den Tomaten und Bohnen in die Suppe geben, kurz aufkochen lassen. Mit Pfeffer und Salz würzen. Nun geriebenen Parmesan über die Suppe streuen und servieren.

Kalte Avocado-Gurken-Suppe

Kalorien: 524 kcal, Harnsäure 74 mg, Portion: 262 kcal/ 37 mg

Zutaten für 2 Portionen:

- 1 Avocado – ca. 200 g
- 1 kleine Salatgurke – ca. 125 g
- 2 Frühlingszwiebeln
- 1 Limette
- 150 g Joghurt – 0,3% Fett
- 300 ml selbstgemachte Gemüsebrühe
- Pfeffer und Salz
- 2 EL vegetarischer Kaviar
- 1 Bund Schnittlauch

Zubereitung:

1. Die Avocado halbieren, den Stein entfernen und das Fruchtfleisch auslösen. Die Gurke schälen und der Länge nach halbieren. Die Gurkenkerne herausschaben. Frühlingszwiebeln waschen und putzen. Avocado, Gurke und Zwiebeln klein schneiden. Die Limette auspressen.
2. Avocado-, Gurken- und Zwiebelstücke mit Brühe, Joghurt, 2 EL Limettensaft, Pfeffer und Salz fein pürieren, dann mind. 1 Stunde kaltstellen. Schnittlauch waschen, trocknen und in feine Röllchen schneiden.
3. Die Suppe in vorgekühlte Gläser oder Tassen füllen, jeweils 1 EL Kaviar auflegen, mit Schnittlauch bestreuen und servieren.

Kalte Basilikum-Dickmilch-Suppe

Kalorien: 734 kcal, Harnsäure 274 mg, Portion: 367 kcal/ 137 mg

Zutaten für 2 Portionen:

- 3 Frühlingszwiebeln
- ½ Zitrone
- 1 Bund Basilikum
- ½ Liter Dickmilch
- Pfeffer, Salz, Tabasco
- 3 Tomaten – ca. 200 g
- 20 g Kapern – aus dem Glas
- 40 g entsteinte grüne Oliven
- 1 Sardellenfilet
- 1 EL Olivenöl

Zubereitung:

1. 2 Frühlingszwiebeln waschen, putzen, grob schneiden. Zitrone auspressen. Basilikum waschen, trocknen und ein paar Stiele beiseitelegen für die Garnitur. Von den übrigen Stielen die Blätter abzupfen und mit den Zwiebeln, Dickmilch und 1 EL Zitronensaft fein pürieren. Mit den Gewürzen abschmecken und 1 Stunde kalt stellen.
2. Die Tomaten waschen, vierteln, die Stielansätze herausschneiden, dann entkernen, das Fruchtfleisch fein würfeln. Oliven und Kapern hacken. Mit einem Messer das Sardellenfilet fein zerdrücken.
3. Die letzte Frühlingszwiebel putzen, waschen, in feine Ringe schneiden. Nun alle vorbereiteten Zutaten in eine Schüssel geben, mit Öl mischen und würzen.
4. Das Tomatentatar in die Mitte von tiefen Tellern geben, die kalte Suppe vorsichtig in die Teller gießen. Die übrigen Basilikumblätter fein schneiden und über die Suppe streuen.

Kartoffelcremesuppe mit Bacon

Kalorien: 1630 kcal, Harnsäure 136 mg, Portion: 815 kcal/ 68 mg

Zutaten für 4 Portionen:

- 1 Zwiebel
- 800 g mehlig kochende Kartoffeln
- 1 EL Olivenöl
- 750 ml selbstgemachte Gemüsebrühe
- 150 ml Kochsahne
- 1 Friseesalat
- 2 Scheiben Bacon – ca. 30 g
- ½ Bund Petersilie
- Pfeffer und Salz

Zubereitung:

1. Zwiebel schälen, fein würfeln. Kartoffeln schälen, waschen, grob würfeln.
2. In einem Topf das Öl erhitzen, darin die Zwiebel glasig dünsten. Die Kartoffeln dazugeben und kurze Zeit mitdünsten. Brühe und Sahne dazugießen, zugedeckt etwa 20 Minuten bei kleiner Hitze köcheln.
3. Inzwischen den Salt putzen, waschen, trocknen und kleinschneiden.
4. Bacon halbieren und ohne Fett ausbacken, dann auf Küchenpapier abtropfen lassen.
5. Petersilie waschen, trockenschütteln, die Blätter zupfen und hacken.
6. Die Suppe fein pürieren, den geschnittenen Salat unterrühren, nochmals pürieren. Nun würzen, mit Petersilie bestreuen. Den Bacon dekorativ auf die legen und servieren.

Kohlsuppe auf griechische Art

Kalorien: 410 kcal, Harnsäure 96 mg, Portion: 205 kcal/ 48 mg

Zutaten für 2 Portionen:

- 600 ml selbstgemachte Geflügelbrühe
- 100 g Vollkorn-Suppennudeln
- 200 g Spitzkohl
- 1 Bio-Zitrone
- 1 Ei
- Salz, schwarzer Pfeffer
- 2 Stiele Dill

Zubereitung:

1. In einem Topf die Brühe aufkochen, die Nudeln dazugeben und garen.
2. Inzwischen den Kohl putzen, den Strunk entfernen, die Blätter waschen, trocknen und in feine Streifen schneiden. 5 Minuten vor Ende der Garzeit den Kohl in die Brühe geben.
3. Die Zitrone heiß abspülen, trocknen und die Scheibe abreiben, die Zitrone auspressen.
4. Nun das Ei trennen, das Eiweiß mit dem Schneebesen halb steif schlagen. Eigelb, Zitronensaft und Abrieb unter das Eiweiß heben. Ca. 200 ml der heißen Brühe unter ständigem Rühren dazugeben, dann zurück in den Topf gießen und erhitzen, bis die Suppe leicht bindet. Jetzt mit Pfeffer und Salz würzen. Mit Dill garniert servieren.

Kürbis-Ingwer-Suppe

Kalorien: 1200 kcal, Harnsäure 160 mg, Portion: 300 kcal/ 40 mg

Zutaten für 4 Portionen:

- 1 großer Butternuss-Kürbis – ca. 800 g
- 2 Zwiebeln
- 1 Stück Ingwer – ca. 10 g
- 2 Knoblauchzehen
- 1 EL Öl
- 700 ml selbstgemachte Gemüsebrühe
- 1 rote Chilischote
- ½ Limette
- Pfeffer und Salz
- 2 EL Sesam
- 3 Stiele Koriander

Zutaten:

1. Mit einem Sparschäler den Kürbis schälen, dann halbieren und die Kerne herauskratzen. Fruchtfleisch in ca. 1 cm große Würfel schneiden. Auf einem Backblech im auf 220°C vorgeheizten Backofen 25-30 Minuten rösten.
2. Inzwischen die Zwiebeln schälen, fein würfeln. Knoblauch und Ingwer schälen, fein hacken. In einem Topf das Öl erhitzen, darin Ingwer, Knoblauch und Zwiebeln unter Rühren aus mittlerer Hitze andünsten.
3. Die Kürbiswürfel und die Brühe in den Topf geben und aufkochen lassen. Die Suppe nun etwa 20 Minuten kochen lassen. Danach im Topf fein pürieren und durch ein Sieb passieren. Dann erneut aufkochen lassen.
4. Chili waschen, halbieren, entkernen, sehr fein hacken. Limette auspressen. Die Suppe mit Chili, Limettensaft, Pfeffer und Salz würzen.
5. Sesam in einer Pfanne ohne Fett rösten. Koriander waschen, trocknen, Blätter abzupfen und mit dem Sesam über die Suppe verteilen.

Möhrencremesuppe mit Mandeln

Kalorien: 225 kcal, Harnsäure 73 mg, Portion: 225 kcal/ 73 mg

Zutaten für 1 Portion:

- 1 Möhre – ca. 100 g
- 1 Stück Petersilienwurzel – ca. 20 g
- 1 Kartoffel – ca. 100 g
- 220 ml selbstgemachte Gemüsebrühe
- 6 Stiele Rucola
- Pfeffer, Salz, Muskatnuss
- 1 TL Mandelblättchen

Zubereitung:

1. Möhre und Petersilie waschen, schälen, in ca. 1 cm dicke Scheiben schneiden. Kartoffel schälen, waschen und würfeln.
2. Die Brühe aufkochen, das Gemüse dazugeben und ¼ Stunde bei kleiner Hitze garen.
3. In der Zwischenzeit Rucola waschen, trocknen, die groben Stiele entfernen und die Blätter hacken.
4. Die Suppe pürieren, Pfeffer, Salz und etwas Muskat dazugeben.
5. Die Möhrencreme in einen Teller oder eine Suppenschale füllen, mit Mandeln und Rauke bestreuen.

Norddeutscher Gemüse-Milch-Topf

Kalorien: 1320 kcal, Harnsäure 307 mg, Portion: 330 kcal/ 77 mg

Zutaten für 4 Portionen:

- 200 g Kartoffeln
- 2 Möhren – ca. 200 g
- 1 Stück Steckrübe – ca. 200 g
- ½ Kohlrabi – ca. 200 g
- 30 g Butter
- 2 EL Mehl
- 800 ml Milch – 1,5% Fett
- ½ Bund glatte Petersilie
- 150 g Lachsschinken
- 150 g TK-Erbsen
- Pfeffer, Salz, Muskatnuss

Zubereitung:

1. Die Gemüse schälen, in ca. 2 cm große Würfel schneiden. In einem Topf die Butter aufschäumen, dann mit Mehl bestreuen. Unter Rühren farblos dünsten. Nach und nach die Milch dazugießen und glattrühren.
2. Nun die Milch aufkochen, das Gemüse dazugeben. Etwa 15 Minuten unter Rühren kochen.
3. Petersilie waschen, Blätter abzupfen und hacken. Den Lachsschinken in feine Streifen schneiden.
4. Nach ¼ Stunde Kochzeit die TK-Erbsen in den Topf geben, nochmal 5 Minuten kochen lassen. Mit Pfeffer und Salz würzen, Muskat hineinreiben, alles abschmecken. Mit Schinken und Petersilie betreut servieren.

Rote-Bete-Suppe mit Apfel und Bohnen

Kalorien: 1220 kcal, Harnsäure 420 mg, Portion: 305 kcal/ 105 mg

Zutaten für 4 Portionen:

- 400 g Rote Bete
- 1 Zwiebel
- 2 Möhren
- 150 g Knollensellerie
- ¼ Kopf Weißkohl – ca. 400 g
- 2 EL Pflanzenöl
- 1 EL Tomatenmark
- 1 Liter selbstgemachte Gemüsebrühe
- Pfeffer aus der Mühle und Salz
- 150 g rote Bohnen – aus der Dose
- 2 EL Apfelessig

Für die Garnitur:

- 100 g gegarte Rote Bete
- 1 Apfel
- 100 g Saure Sahne
- Majoran
- Petersilienblatt

Zubereitung:

1. Das Gemüse waschen, putzen bzw. schälen, alles in feine Streifen oder Stifte schneiden. Alles zusammen in heißem Öl anschwitzen, dann Tomatenmark untermischen und ca. 5 Minuten unter ständigem Rühren andünsten.
2. Nun die Brühe angießen, mit Pfeffer und Salz würzen und etwa 20 Minuten köcheln lassen. Bohnen abspülen und abtropfen lassen, während der letzten 5 Minuten zur Suppe geben. Falls erforderlich, noch etwas Brühe nachgießen. Mit Essig, Pfeffer und Salz abschmecken.
3. Apfel und Rote Bete schälen, den Apfel entkernen und ein paar Spalten für die Garnitur behalten. Den Rest des Apfels fein raspeln und mit der Sahne vermengen.
4. Suppe auf tiefe Teller verteilen, je einen Klecks Sahne draufsetzen, mit Apfelspalten und Kräutern bestreut servieren.

Rote-Bete-Suppe mit Kartoffeln

Kalorien: 1031 kcal, Harnsäure 112 mg, Portion: 258 kcal/ 28 mg

Zutaten für 4 Portionen:

- 350 g Rote Bete
- 1 mehlig kochende Kartoffel – ca. 100 g
- 1 Zwiebel
- 1 EL Rapsöl
- 750 ml selbstgemachte Gemüsebrühe
- 100 ml Sojacreme
- Pfeffer und Salz
- 3 EL Joghurt – 0,3% Fett
- 1 EL kohlensäurehaltiges Mineralwasser
- 1 Stück Meerrettich – ca. 5 cm

Zubereitung:

1. Rote Bete waschen und schälen. Da die Rote Bete stark färben, sollten Einmalhandschuhe benutzt werden. Kartoffel und Rote Bete in ca. 2 cm große Würfel schneiden. Zwiebel schälen und würfeln.
2. In einem Topf Öl erhitzen, die Gemüse darin 5 Minuten bei mittlerer Hitze andünsten. Brühe dazugießen und etwa 40 Minuten kochen.
3. Danach die Suppe sehr fein pürieren, durch ein feines Sieb in einen anderen Topf gießen. Das Püree mit dem Kellenrücken durch das Sieb drücken.
4. Die Sojacreme in die Suppe einrühren, kurz aufkochen. Salzen und pfeffern. Joghurt und Mineralwasser verrühren, mit Pfeffer und Salz würzen.
5. Den Meerrettich schälen, fein reiben. Die Suppe in Tassen füllen, mit Joghurt beträufeln und mit Meerrettich bestreut servieren.

Rucola-Cremesuppe mit Parmesan

Kalorien: 1134 kcal, Harnsäure 110 mg, Portion: 284 kcal/ 28 mg

Zutaten für 4 Portionen:

- 2 Kartoffeln – ca. 150 g
- 2 Schalotten
- 1 Knoblauchzehe
- 1 EL Rapsöl
- 1 Liter selbstgemachte Gemüsebrühe
- 100 ml Kochsahne
- 3 Bund Rucola – a' 80 g
- 50 ml Buttermilch
- Pfeffer und Salz
- 1 Stück Parmesan – ca. 20 g

Zubereitung:

1. Kartoffeln waschen, schälen und mit einer Reibe grob raspeln. Knoblauch und Schalotten schälen, fein würfeln.
2. In einem Topf Öl erhitzen, Schalotten und Knoblauch glasig dünsten, dann Kartoffeln zufügen und kurz mitdünsten. Brühe und Sahne dazugießen, aufkochen und etwa 10 Minuten auf mittlerer Hitze kochen.
3. Inzwischen Rucola waschen, putzen, dann trockenschleudern. 4-6 Blätter zur Seite legen, den Rest fein hacken, zur Suppe geben und 1-mal aufkochen lassen. Nun die Buttermilch dazugeben und alles pürieren. Mit Pfeffer und Salz würzen. Parmesan fein reiben und dann mit den Rucolablättern auf die Suppe geben.

Scharfe Maissuppe

Kalorien: 2305 kcal, Harnsäure 353 mg, Portion: 1152 kcal/ 176 mg

Zutaten für 2 Portionen:

- 1 Stange Lauch – ca. 150 g
- 1 grüne Chilischote
- 1 Knoblauchzehe
- ½ kleine Limette
- 1 Stück Ingwer – ca. 30 g
- 285 g Mais – aus der Dose
- 1 EL Rapsöl
- ¾ Liter selbstgemachte Gemüsebrühe
- 4 Stiele Koriander
- 2 EL Sojasauce
- Pfeffer und Salz

Zubereitung:

1. Den Lauch putzen, waschen, längs halbieren und in Ringe schneiden. Chili waschen, putzen und nochmal abspülen, dann fein hacken. Knoblauch schälen, durch eine Presse geben. Die gewaschene Limette in Scheiben schneiden. Ingwer schälen, fein reiben. Mais im Sieb abtropfen lassen.
2. In einem Topf das Öl erhitzen, darin den Lauch ca. 1 Minuten andünsten. Chili, Ingwer, Knoblauch und Limette dazugeben und kurz mit andünsten.
3. Nun den Mais dazugeben und mit Brühe auffüllen, kurz aufkochen und 4-5 Minuten bei mittlerer Hitze garen lassen.
4. Den Koriander waschen, trocknen und hacken. Sie Suppe mit Soja, Pfeffer und Salz würzen, mit Koriander betreuen und servieren.

Sterntaler-Suppe mit Eierstich

Kalorien: 1292 kcal, Harnsäure 192 mg, Portion: 646 kcal/ 96 mg

Zutaten für 2 Portionen

- 2 Eier
- 1 Eigelb
- 125 ml Milch – 1,5% Fett
- 2 EL Schlagsahne
- 1 TL Tomatenmark
- Salz
- 1 TL Butter
- 6 breite grüne Bohnen – ca. 150 g
- 1 Möhre – ca. 100 g
- 1 EL Rapsöl
- 100 g TK-Erbsen
- 80 g kleine Nudeln (z.B. Sternchennudeln)
- 4 Stiele glatte Petersilie
- Sojasauce

Zubereitung:

1. 1 Ei trennen, das Eigelb mit den ganzen Eiern in eine Schüssel geben. Milch, Sahne und Tomatenmark und ein wenig Salz hinzufügen, mit dem Schneebesen glattrühren.
2. Mit der Butter eine kleine Auflaufform einfetten. Die Eimischung hineingeben. Nun ca. 20 Minuten im Backofen bei 180°C Umluft stocken lassen.
3. Inzwischen die Bohnen waschen und schräg in Streifen schneiden. Möhre waschen, putzen und schälen, dann mit einer Reibe in streifen hobeln.
4. Das Rapsöl in einem Topf erhitzen, darin Bohnen und Möhren kurz andünsten, etwas salzen. Ca. 600 ml Wasser dazugießen, bei mittlerer Hitze 5 Minuten garen, Erbsen und Nudeln dazugeben und weitere 5 Minuten kochen.
5. Die Petersilie waschen, trocknen und fein hacken. Nun den Eierstich aus der Form stürzen, in Würfel schneiden. Zusammen mit der Petersilie in die Suppe geben, alles mit Sojasauce abschmecken.

Toskanische Pilzsuppe

Kalorien: 1643 kcal, Harnsäure 234 mg, Portion: 411 kcal/ 59 mg

Zutaten für 4 Portionen:

- 150 g Kräuterseitlinge
- 100 g braune Champignons
- 2 Zwiebeln – ca. 140 g
- 3 Knoblauchzehen
- 2 Staudensellerie – ca. 100 g
- 3 kleine Möhren – ca. 150 g
- 1 kleine Fenchelknolle – ca. 150 g
- 2 EL Olivenöl
- 2 Zweige Thymian
- 3 Stiele Petersilie
- 3 vollreife Tomaten – ca. 250 g
- 125 g Dicke Bohnen – TK
- Pfeffer und Salz

Zubereitung:

1. Die Pilze putzen, die Stielende entfernen. Dann vierteln oder in Scheiben schneiden. Zwiebeln schälen, in feine Würfel schneiden. Knoblauch schälen, in dünne Scheiben schneiden.
2. Sellerie waschen, putzen, Fäden entfernen und fein würfeln. Möhren waschen, fein würfeln. Fenchel waschen, putzen und in Würfel schneiden.
3. In einem Topf Öl erhitzen und die Pilze bei starker Hitze 3-4 Minuten kräftig anbraten. Zwiebeln, Knoblauch, Fenchel, Möhren und Sellerie dazugeben und 3 Minuten dünsten.
4. Petersilie und Thymian waschen, trocknen und in den Topf geben. Ca. 1 Liter Wasser dazugießen, etwa 25 Minuten bei mittlerer Hitze kochen.
5. Inzwischen Tomaten waschen, vierteln, entkernen und hacken.

6. Nach 10 Minuten Tomaten und Bohnen zur Suppe geben. Am Ende der Garzeit die Kräuter entfernen und die Suppe salzen und pfeffern. Nach Geschmack mit geriebenem Parmesan oder getoasteten Brotscheiben belegt servieren.

Hauptgerichte mit Pfiff und ruck-zuck auf dem Tisch

Asiatisches Entenragout mit Gemüse

Kalorien: 1540 kcal, Harnsäure 530 mg, Portion: 770 kcal/ 265 mg

Zutaten für 2 Portionen:

- 2 Entenbrustfilets ohne Haut – ca. 400 g
- 1 Stück frischer Ingwer
- 1 Knoblauchzehe
- Pfeffer und Salz
- Grob geschrotete Chilischote
- 1 Prise gemahlener Koriander
- 1 Prise gemahlene Gewürznelken
- 1 Stück Sternanis
- 1 Prise Zimt
- 5 EL Austernsauce
- 1 Bund Suppengrün
- 2 TL flüssiger Honig
- 1 EL Öl
- 300 ml Gemüsefond
- 1 TL Sesam
- 100 g Mie-Nudeln

Zubereitung:

1. Entenfilets abspülen, trocknen, in ca. 3 cm große Würfel schneiden.
2. Ingwer und Knoblauch schälen, fein würfeln. In einer Schüssel die Filetwürfel, Ingwer, Knoblauch, Gewürzen und 2 EL Sauce mischen. Etwa 2 Stunden marinieren lassen.
3. Suppengrün putzen, schälen, in feine Würfel schneiden. Die übrige Austernsauce mit 2 TL Honig verrühren.
4. In einem Schmortopf Öl erhitzen, darin die Filetwürfel portionsweise braten, dann herausnehmen. Im Bratfett nun die Gemüsewürfel kräftig anbraten. Mit der Auster-Honig-Sauce und etwas Gemüsefond ablöschen und aufkochen.
5. Das Fleisch zugeben, etwa 20-30 Minuten bei kleiner Hitze schmoren. Ab und zu umrühren, nach und nach den Fond dazugießen, das Fleisch sollte immer knapp mit Flüssigkeit bedeckt sein.
6. Inzwischen in einer Pfanne ohne Fett den Sesam rösten, dann auf einem Teller abkühlen lassen. Mie-Nudeln 3 Minuten in Salzwasser garen, in einem Sieb abtropfen lassen.
7. Das Ragout nach Geschmack abschmecken, dann mit Nudeln und Sesam servieren.

Bandnudeln mit Fenchel-Kapern-Sauce

Kalorien: 1082 kcal, Harnsäure 294 mg, Portion: 541 kcal/ 147 mg

Zutaten für 2 Portionen:

- 1 Fenchelknolle mir Grün – 250 g
- 2 eingelegte Anchovis
- 1 EL Kapern – aus dem Glas
- Salz
- 1 EL Öl
- 175 g Pasta – z.B. Pappardelle
- 100 ml selbstgemachte Gemüsebrühe
- 125 ml Sojacreme
- 1 Stück Parmesan oder Grana Padano – ca. 20 g
- ½ Zitrone

Zubereitung:

1. Fenchel, waschen, putzen, das Grün zur Seite legen. Die Knolle zuerst in 6 dicke Spalten, dann in dünne Streifen schneiden.
2. Anchovis abspülen, trockentupfen, fein hacken. Kapern in einem Sieb abspülen, abtropfen lassen. In einem großen Topf reichlich Salzwasser zum Kochen bringen, darin die Nudeln bissfest garen.
3. Inzwischen in einer großen Pfanne Öl erhitzen, darin den Fenchel unter Rühren ca. 2 Minuten andünsten. Anchovis, Brühe und Sojacreme unterrühren, kurz aufkochen, dann offen ca. 6-8 Minuten leicht kochen.
4. Den Käse fein reiben, die Zitrone auspressen. Fenchelgrün trocknen und grob hacken.
5. In die Sauce nun Kapern und Käse rühren, pfeffern und salzen und 1-2 EL Zitronensaft unterrühren, Fenchelgrün darüber streuen. Die Nudeln abgießen, abtropfen lassen und mit der Fenchel-Kapern-Sauce servieren.

Bunte Gemüsenudeln mit Safransauce

Kalorien: 1128 kcal, Harnsäure 256 mg, Portion: 564 kcal/ 128 mg

Zutaten für 2 Portionen:

- 3 kleine Möhren – ca. 200 g
- 1 kleine Zucchini – ca. 200 g
- 1 Stange Lauch – ca. 125 g
- 150 g Linguine-Vollkornnudeln
- 2 EL Olivenöl
- Pfeffer und Salz
- 125 ml selbstgemachte Gemüsebrühe
- 150 ml Sojacreme
- 1 Prise Safranfäden
- Nach Belieben Kerbel

Zubereitung:

1. Möhren schälen, dann putzen. Zucchini waschen, trocknen und putzen. Mit einem Sparschäler oder einem Gemüsehobel beide Sorten in dünne Streifen schneiden. Lauch putzen, längs halbieren, die Blätter voneinander trennen.
2. Nudeln in reichlich Salzwasser nach Packungsanleitung bissfest kochen.
3. In einer Pfanne Öl erhitzen, darin die Möhren und Zucchini bei mittlerer Hitze 1 Minuten unter Rühren dünsten. Lauch dazugeben, salzen und pfeffern und 1 Minuten dünsten.
4. Brühe, Sojacreme und Safran hinzufügen und aufkochen. Nun 2-3 Minuten bei mittlerer Hitze cremig einkochen lassen.
5. Die Nudeln in ein Sieb gießen, gut abtropfen lassen, dann in die Pfanne geben und mit den Gemüsen vermischen. Nochmals würzen.
6. Auf Teller verteilen und nach Geschmack mit Kerbel bestreuen.

Gebratene Polenta mit Möhren-Radicchio-Gemüse

Kalorien: 1848 kcal, Harnsäure 214 mg, Portion: 924 kcal/ 107 mg

Zutaten für 4 Portionen:

- 2 Knoblauchzehen
- 700 ml (selbstgemachte) Gemüsebrühe
- 200 g Maisgrieß
- 3 EL gemahlene Mandeln – ca. 30 g
- 2 Eier
- Pfeffer und Salz
- 8 Möhren – ca. 800 g
- 2 große Zwiebeln – ca. 150 g
- 5 TL Olivenöl
- 4 Wacholderbeeren
- ½ Radicchio – ca. 80 g
- 4 Stiele Kerbel

Zubereitung:

1. Knoblauch schälen, 1 Zehe durch eine Presse in einen Topf drücken, mit 600 ml Brühe aufkochen. Maisgrieß und Mangel dazugeben, aufkochen lassen (Vorsicht, es spritzt!). Bei kleiner Hitze 15 Minuten garen, gelegentlich umrühren. Dann vom Herd nehmen.
2. Nun die Eier unterrühren, mit Pfeffer und Salz abschmecken. Die Polenta auf ein Backblech mit Backpapier geben, zu einem Rechteck von ca. 18x24 cm streichen. Abkühlen lassen.
3. Inzwischen die Möhren waschen, schälen, in schmale ca. 5 cm lange Stifte schneiden. Zwiebeln schälen, halbieren, in Streifen schneiden. Rest vom Knoblauch fein hacken.
4. In einem weiteren Topf 1 TL Olivenöl erhitzen, darin Knoblauch, Möhren und Zwiebeln andünsten. Die übrige Brühe und Wacholderbeeren dazugeben, aufkochen lassen, dann zugedeckt 10-12 Minuten bei kleiner Hitze dünsten.
5. Nun den Radicchio abspülen, putzen, halbieren, in feine Streifen schneiden. Kerbel abspülen, trocknen und kleine Zweige zupfen.

6. Die Polenta in 12 Streifen von ca. 4x9 cm schneiden. In einer großen Pfanne mit 2 TL Olivenöl 6 Streifen 5 Minuten pro Seite braten, dann warm stellen und die restlichen Polentastreifen braten.
7. Radicchio und die Hälfte der Kerbelzweige unter das Gemüse heben. Salzen und pfeffern, Polenta darauf anrichten, mit dem restlichen Kerbel garnieren.

Gebratenes Sauerkraut mit Petersilienquark

Kalorien: 1176 kcal, Harnsäure 218 mg, Portion: 294 kcal/ 55 mg

Zutaten für 4 Portionen:

- 1 große rote Süßkartoffel – ca. 400 g
- 2 rote Zwiebeln – ca. 100 g
- 500 g Sauerkraut
- 40 g Mandelstifte
- 1 EL Keimöl
- 100 ml (selbstgemachte) Gemüsebrühe
- 70 g Rosinen
- 1 Bund glatte Petersilie
- 300 g Magerquark
- Salz und Cayennepfeffer

Zubereitung:

1. Mit einem Sparschäler die Kartoffel schälen, abspülen, auf einem Hobel in lange und sehr feine Streifen schneiden. Zwiebeln schälen, halbieren, in Streifen schneiden.
2. Das Sauerkraut in einem Sieb abtropfen lassen. Mandeln in einer Pfanne ohne Fett rösten, dann abkühlen lassen.
3. In einem Wok oder einer großen Pfanne das Keimöl erhitzen. Zwiebeln dazugeben, glasig andünsten. Kartoffel zugeben, unter ständigem Wenden etwa 5 Minuten braten, nach und nach die Brühe angießen. Sauerkraut und Rosinen dazugeben, bei kleiner Hitze 15 Minuten bei kleiner Hitze braten.
4. Inzwischen die Petersilie waschen, trockenschleudern, die Blättchen abzupfen, einige für die Garnitur zur Seite legen, den Rest fein hacken.
5. In einer kleinen Schüssel den Quark mit der Petersilie, Cayennepfeffer und Salz verrühren.
6. Das Sauerkraut zum Schluss mit Salz und Cayennepfeffer abschmecken, mit der restlichen Petersilie garnieren und mit dem Quark servieren.

Gedünstetes Fischfilet auf Gemüsebett

Kalorien: 264 kcal, Harnsäure 220 mg, Portion: 132 kcal/ 110 mg

Zutaten für 2 Portionen:

- 2 Schalotten
- 2 kleine Fenchelknollen ca. 100 g
- 2 kleine Möhren – ca. 60 g
- 6 EL Gemüsebrühe
- Pfeffer und Salz
- 140 g Kabeljaufilet
- 4 Stiele glatte Petersilie
- 1 kleine Limette

Zubereitung:

1. Die Schalotten schälen, fein würfeln. Fenchel und Möhren putzen und waschen. Die Möhren dünn schälen. Beide Sorten in schmale Stifte schneiden.
2. In einer Pfanne die Brühe erhitzen, das Gemüse dazugeben, ca. 3 Minuten dünsten, dann mit den Gewürzen abschmecken.
3. Fischfilets abspülen, trockentupfen, etwas salzen, auf das Gemüse legen. Bei kleiner Hitze zugedeckt 8-10 Minuten dünsten.
4. Inzwischen die Petersilie waschen, trocknen, Blätter zupfen und fein hacken. Die halbe Limette auspressen, den Saft nach Geschmack über den Fisch träufeln. Nun noch pfeffern, mit Petersilie bestreuen und servieren.

Gefüllte rote Zwiebeln mit Couscous

Kalorien: 1602 kcal, Harnsäure 230 mg, Portion: 801 kcal/ 115 mg

Zutaten für 4 Portionen:

- 350 ml selbstgemachte Gemüsebrühe
- 125 g Instant-Couscous
- 8 rote Zwiebeln
- ½ Bund Koriander – 10 g
- ½ Bund Petersilie - 10 g
- 100 g getrocknete Aprikosen
- 2 Knoblauchzehen
- 2 EL Olivenöl
- 1 Msp. Bio-Zitronenschale
- Pfeffer und Salz
- ½ TL gemahlener Kreuzkümmel

Zubereitung:

1. 250 ml Brühe aufkochen lassen, über den Couscous gießen, zugedeckt 15 Minuten quellen lassen.
2. Von den Zwiebeln jeweils einen Hut abschneiden, die Zwiebeln nun aushöhlen, dabei eine ca. ½ cm dicke Wand lassen. Das Innere der Zwiebeln grob hacken. Die Kräuter waschen, trocknen, fein hacken. Die Aprikosen klein stückeln.
3. Knoblauch schälen und hacken. In einer Pfanne Öl erhitzen. Zwiebeln und Knoblauch ca. 2 Minuten bei mittlerer Hitze andünsten. Nun Couscous, Aprikosen und Kräuter dazugeben, gut vermischen und mit Kümmel, Pfeffer, Salz und Zitronenschale würzen.
4. Die ausgehöhlten Zwiebeln innen salzen. Couscousmasse hineingeben, leicht andrücken. Nun die Hüte aufsetzen und die Zwiebeln in einer Auflaufform verteilen. Die übrige Brühe in die Form gießen. Im auf 200°C vorgeheizten Backofen etwa 30 Minuten garen.

Gegrillter Pfeffer-Lachs mit Zitronenbutter

Kalorien: 1385 kcal, Harnsäure 1325 mg, Portion: 346 kcal/ 331 mg

Zutaten für 4 Portionen:

- 1 Bio-Zitrone
- 30 g Joghurtbutter
- 1 TL süßer Senf
- 4 Lachskoteletts – a` ca. 200 g
- Salz
- Grober bunter Pfeffer

Zubereitung:

1. Die Zitrone heiß abspülen, trocknen, ca. 2 TL Schale abreiben. Zitrone halbieren, abgeriebene Hälfte auspressen. Die andere Hälfte in Scheiben schneiden.
2. In einem Topf Butter schmelzen, Senf, Zitronenschale und –saft unterrühren.
3. Die Lachskoteletts abspülen, trockentupfen, beidseitig mit der Zitronenbutter bepinseln. Noch mit Salz und reichlich Pfeffer würzen. Auf einer Grillschale beidseitig je 5-7 Minuten grillen. Mit Zitronenscheiben garniert servieren.

Gemüse-Reis-Auflauf mit Joghurt

Kalorien: 2140 kcal, Harnsäure 660 mg, Portion: 535 kcal/ 165 mg

Zutaten für 4 Portionen:

- 600 ml Gemüsebrühe (selbstgemacht)
- 1 Knoblauchzehe
- 200 g Vollkornreis
- 1 Kohlrabi – ca. 300 g
- 5 Möhren – a‘ 100 g
- 500 g Brokkoli
- 2 Eier
- Salz und Pfeffer
- Muskatnuss
- 100 g geriebener Gouda
- 1 Bund Schnittlauch
- 200 g Jogurt – 1,5% Fett
- Rosenscharfes Paprikapulver

Zubereitung:

1. 400 ml Brühe in einem Topf zum Kochen bringen, die geschälte Knoblauchzehe durch eine Presse direkt in die Brühe pressen, den Reis dazugeben und 25 Minuten bei kleiner Hitze garen.
2. Inzwischen Kohlrabi und Möhren waschen und schälen. Die Kohlrabi achteln, dann Möhren und Kohlrabi in ca. 5 mm dicke Scheiben schneiden. Brokkoli putzen, in Röschen teilen, die Stiele schälen, auch in Scheiben schneiden.
3. In einem zweiten Topf die übrige Brühe aufkochen, darin Möhren und Kohlrabi garen, dann den Brokkoli dazugeben und noch 4-5 Minuten garen. Dann das Gemüse in ein Sieb gießen, abtropfen lassen, die Brühe auffangen.
4. In eine flache Auflaufform den Reis geben, das Gemüse darauf gleichmäßig verteilen. Zur aufgefangenen Brühe die Eier schlagen, verquirlen, pfeffern und salzen und nach Geschmack Muskat dazureiben. Die Flüssigkeit über das

Gemüse gießen, mit dem Käse bestreuen. Im Backofen bei 200°C 35 Minuten überbacken.

5. Inzwischen den Schnittlauch abspülen, trockenschleudern, in feine Röllchen schneiden. Joghurt mit Paprikapulver, Sanz und dem Schnittlauch vermischen und mit dem Auflauf servieren.

Gemüse-Reis-Pfanne aus dem Ofen

Kalorien: 860 kcal, Harnsäure 185 mg, Portion: 430 kcal/ 92 mg

Zutaten für 2 Portionen:

- 1 Kohlrabi – ca. 200 g
- 2 kleine Möhren
- 1 rote Paprikaschote
- 2 kleine Zwiebeln
- 1 Knoblauchzehe
- 10 Kirschtomaten
- 2 EL Olivenöl
- 125 g Paellareis
- 1 TL rosenscharfes Paprikapulver
- 2 TL edelsüßes Paprikapulver
- 425 ml selbstgemachte Gemüsebrühe
- Pfeffer und Salz
- ½ Zitrone
- 100 g Joghurt – 0,3% Fett
- 2 Frühlingszwiebeln

Zubereitung:

1. Kohlrabi und Möhren waschen, schälen und in 1 ½ cm große Würfel schneiden. Paprika vierteln, entkernen, in 1 ½ cm große Quadrate schneiden. Zwiebel schälen, fein würfeln. Knoblauch schälen, fein hacken. Tomaten waschen.
2. In einer Pfanne Öl erhitzen, darin Zwiebeln und Knoblauch bei mittlerer Hitze glasig andünsten. Kohlrabi, Möhren und Paprika dazugeben, 2 Minuten andünsten. Nun den Reis zufügen, mit der Hälfte des Paprikapulvers bestreuen, kurz andünsten.
3. Mit Gemüsebrühe auffüllen und zum Kochen bringen. Salzen und pfeffern und umrühren. Den Backofen auf 180°C vorheizen. Die Reispfanne auf unterster Schiene 10 Minuten garen, dann die Tomaten dazugeben und weitere 10 Minuten garen.

4. Inzwischen die Zitrone auspressen. Joghurt mit 1 TL Zitronensaft und dem restlichen Paprikapulver verrühren, mit Pfeffer und Salz würzen. Frühlingzwiebeln putzen, waschen, hellgrüne und weiße Abschnitte in feine Ringe schneiden.
5. Die Reispfanne mit den Frühlingszwiebeln bestreuen, mit dem Paprikajoghurt servieren.

Griechische Gemüsepfanne mit Gurkenjoghurt

Kalorien: 982 kcal, Harnsäure 246 mg, Portion: 491 kcal/ 123 mg

Zutaten für 2 Portionen:

- ½ Salatgurke – ca. 250 g
- Salz
- 1 Knoblauchzehe
- ½ Zitrone
- 150 g Joghurt – 0,3% Fett
- 2 EL Olivenöl
- Chiliflocken
- Pfeffer
- 2 grüne Zucchini – ca. 500 g
- 1 gelbe Paprika – ca. 200 g
- 1 rote Paprika – ca. 200 g
- 2 Möhren – ca. 200 g
- 1 Zwiebel
- 250 g Chinakohl
- 1 EL glutamatfreies Gyrosgewürz

Zubereitung:

1. Gurke waschen, schälen, der Länge nach halbieren, die Kerne entfernen, dann die Gurke grob raspeln. Gurkenraspel in einem Sieb mit etwas salz mischen, ¼ Stunde abtropfen lassen.
2. Inzwischen den Knoblauch schälen, fein hacken. Zitrone auspressen. Knoblauch, Joghurt, 1 EL Olivenöl, 1 EL

Zitronensaft und wenige Chiliflocken verrühren. Die Gurkenraspel unterheben, alles salzen und pfeffern.

3. Zucchini waschen, trocknen und dritteln. Die Paprika vierteln, entkernen und waschen. Möhren waschen und schälen. Zwiebel schälen. Dann alles in feine Streifen schneiden. Nun Chinakohl waschen, in Streifen schneiden.
4. In einem Wok oder einer Pfanne das restliche Öl erhitzen, darin zunächst Paprika und Möhren 2-3 Minuten anbraten, Kohl und Zucchini dazugeben und unter Rühren weitere 1-2 Minuten braten.
5. Die Zwiebel hinzufügen und nochmal 1 Minute braten. Mit dem Gyrosgewürz betreuen, kurz anbraten mit dem übrigen Zitronensaft ablöschen. Mit Pfeffer und Salz würzen, dann mit dem Gurkenjoghurt servieren.

Kartoffeln auf griechische Art

Kalorien: 1252 kcal, Harnsäure 128 mg, Portion: 626 kcal/ 64 mg

Zutaten für 2 Portionen:

- 1 Zwiebel
- 1 Knoblauchzehe
- 2 Stangen Staudensellerie – ca. 150 g
- 500 g festkochende Kartoffeln
- ½ Bio-Zitrone
- 1 kleiner Zweig Rosmarin
- 2 EL Olivenöl
- Pfeffer und Salz
- 100 ml Gemüsefond aus dem Glas
- ½ Bund glatte Petersilie
- 2 Stiele Minze
- 50 g Schafskäse – 9% Fett absolut
- 40 g schwarze Oliven ohne Steine

Zubereitung:

1. Zwiebel und Knoblauch schälen, fein würfeln. Sellerie waschen, entfädeln, in Stücke schneiden. Kartoffeln schälen, waschen, längs in Spalten schneiden.
2. Die ½ Zitrone heiß abspülen, trocknen, etwas der Schale fein abschneiden, die Zitrone auspressen. Rosmarin waschen, trockenschütteln, Nadeln abzupfen.
3. In einer Pfanne Öl erhitzen, darin die Kartoffeln anbraten. Knoblauch, Rosmarin und Zwiebel dazugeben und anbraten. Mit Pfeffer und Salz kräftig würzen. Den Fond dazugießen und alles ca. 12 Minuten zugedeckt schmoren.
4. Dann Sellerie und Zitronensaft dazugeben, alles etwa 8 Minuten bei mittlerer Hitze zugedeckt schmoren.
5. Inzwischen Petersilie und Minze waschen, trocknen, die Blätter zupfen und fein hacken. Schafskäse fein würfeln. Oliven in Scheiben schneiden.
6. Nun die Kartoffeln offen bei starke Hitze so lange braten, bis die Flüssigkeit verdampft ist. Dann Kräuter und Oliven unter

die Kartoffeln mischen, nochmal abschmecken. Käsewürfel drüberstreuen und servieren.

Kartoffelpizza mit Pfifferlingen

Kalorien: 1744 kcal, Harnsäure 308 mg, Portion: 436 kcal/ 77 mg

Zutaten für 4 Stück:

- 250 g mehlig kochende Kartoffeln
- 150 g Weizen-Vollkornmehl
- 100 g Weizenmehl Type 550
- Salz
- ½ Würfel Hefe
- 200 g Mangold
- 200 g Pfifferlinge
- 1 Zwiebel
- 2 EL Olivenöl
- Pfeffer
- 80 g Pecorino
- 300 g stückige Tomaten – aus der Dose
- ½ TL getrockneter Oregano
- 60 g Bresaola

Zubereitung:

1. Kartoffeln gut waschen, mit Schale 20Minuten in kochendem Wasser garen. In einem Sieb kalt abschrecken und abtropfen lassen. Nun pellen und noch heiß durch eine Presse in eine Schüssel drücken.
2. Beide Mehle und ½ TL Salz dazugeben und vermischen. In die Mitte des Teiges eine Mulde drücken, die Hefe hineinbröckeln. Darüber 150 ml lauwarmes Wasser gießen und alles zu einem glatten Teig kneten, der anschließend abgedeckt ½ Stunde an einem warmen Ort gehen muss.

3. Mangold putzen, in Streifen schneiden, im Sieb waschen, abtropfen lassen. Die Pilze mit einem Pinsel säubern. Zwiebel schälen, fein hacken.
4. In einer beschichteten Pfanne Öl erhitzen, den Mangold, die Pfifferlinge und die Zwiebel 2-3 Minuten braten, dann zur Seite stellen.
5. Den Pecorino in feine Späne hobeln, davon die Hälfte beiseitelegen. Den Backofen auf 225°C vorheizen.
6. Auf einer bemehlten Arbeitsfläche den Teig vierteln, jeweils zu einer runde Pizza mit ca. 23 cm Ø ausrollen. Je 2 Pizzen auf einen Bogen Backpapier legen, mit Tomatenstücken bestreichen, mit Oregano, Pfeffer und Salz würzen und den Pecorino darauf streuen. Nun im Ofen 10 Minuten auf unterster Schiene vorbacken.
7. Dann die Mangold-Pilz-Mischung auf den vorgebackenen Pizzen verteilen, weiter 5-10 Minuten backen. Samt Backpapier vom Blech ziehen. Bresaola grob teilen und die fertigen Pizzen damit belegen. Mit Pecorino bestreuen, sofort servieren.
8. Mit den übrigen Pizzen ebenso verfahren.

Kartoffel-Quark-Pizza

Kalorien: 2777 kcal, Harnsäure 280 mg, Portion: 694 kcal/ 70 mg

Zutaten für 4 Stück:

- 180 g Magerquark
- 100 ml Milch – 1,5% Fett
- 8 EL Olivenöl
- Salz und Pfeffer
- 300 g Weizen-Vollkornmehl
- 3 TL Backpulver
- 5 festkochende Kartoffeln – ca. 450 g
- 1 Zwiebel
- ½ Bund Salbei – ca. 16 Blätter

Zubereitung:

1. In einer Schüssel Quark, Milch, 4 EL Öl und ½ TL Salz verrühren. Mehl und Backpulver mischen, zur Quarkmischung geben und zu einem glatten Teig kneten.
2. Kartoffeln schälen, waschen, in sehr dünne Scheiben schneiden. Zwiebeln schälen, in dünne Scheiben hobeln. Salbei waschen, trocknen, Blättchen zupfen und grob hacken.
3. In einer weiteren Schüssel Kartoffeln, Zwiebeln, Salbei und übriges Öl mischen und würzen.
4. Auf einer bemehlten Fläche den Teig vierteln und jeweils zu einer Pizza von etwa 23 cm Ø ausrollen. Zwei Bögen Backpapier auf Größe eines Backblechs zuschneiden, auf jeden Bogen 2 Pizzen legen und aufs Blech ziehen.
5. Backofen auf 225°C vorheizen. Auf 2 Pizzen nun die Hälfte der Kartoffelmischung verteilen und auf unterster Schiene 15-20 Minuten backen. Danach vom Blech ziehen, die übrigen 2 Pizzen genauso belegen und backen.

Kohlrabi-Gorgonzola-Gratin

Kalorien: 1040 kcal, Harnsäure 30 mg, Portion: 260 kcal/ 8 mg

Zutaten für 4 Portionen:

- 1 kleine Kohlrabi
- Salz
- 1 EL Butter
- 250 g Sahne
- 300 g Sahnegorgonzola
- Frisch gemahlener Pfeffer
- Muskat
- Zitronensaft
- 1 Handvoll Kerbel

Zubereitung:

1. Backofen auf 220°C vorheizen.
2. Kohlrabi schälen, in feine Scheiben hobeln, in kochendem Salzwasser etwa 3 Minuten garen, danach abtropfen lassen. In einer gefetteten Auflaufform die Scheiben dachziegelartig einschichten.
3. Den Gorgonzola zerkleinern, Sahne aufkochen, den Käse dazugeben und unter Rühren schmelzen. Sauce mit Muskat, Pfeffer und Salz abschmecken.
4. Kerbel waschen, trocken, Blättchen abzupfen und auf die Kohlrabi streuen. Einige Blättchen als Garnitur behalten. Nun die Sauce über die Kohlrabi gießen und im Ofen ca. 15 Minuten überbacken. Vor dem Servieren die restlichen Kerbelblätter darüber streuen.

Kräuter-Kartoffel-Tarte

Kalorien: 698 kcal, Harnsäure 48 mg, Portion: 349 kcal/ 24 mg

Zutaten für 2 Portionen:

- 400 g festkochende Kartoffeln
- 1 Eiweiß
- 1 Bund Frankfurter Kräuter
- Pfeffer und Salz
- 1 EL Olivenöl
- 125 g Buttermilchquark
- 2 EL Ajvar
- Cayennepfeffer

Zubereitung:

1. Gewaschene Kartoffeln in einem Topf mit Wasser 20-25 Minuten garen.
2. Inzwischen das Eiweiß in eine Schüssel geben. Kräuter waschen, trockenschleudern, Blätter zupfen und sehr fein hacken. Die Kräuter zum Eiweiß geben, pfeffern und salzen, mit einer Gabel verschlagen.
3. Kartoffeln unter fließendem Wasser abschrecken, dann pellen, in Scheiben schneiden, etwas abkühlen lassen.
4. Eine Tarteform von 18 cm Ø mit Backpapier auslegen. Die Kartoffeln und das Kräuter-Eiweiß mischen, dann in die Form füllen, glattstreichen, mit Öl beträufeln und im Backofen (180°C) ca. 30 Minuten backen.
5. Den Quark in einer Schüssel mit dem Ajvar glattrühren, mit Cayennepfeffer und Salz abschmecken und zur Kartoffel-Tarte servieren.

Möhren-Schupfnudeln mit Haselnüssen

Kalorien: 2402 kcal, Harnsäure 305 mg, Portion: 600 kcal/ 76 mg

Zutaten für 4 Portionen:

- 4 mehlig kochende Kartoffeln – ca. 350 g
- 2 kleine Möhren – ca. 150 g
- Salz
- 1 Ei
- 1 Eigelb
- 4 EL Weizengrieß – ca. 60 g
- 4 EL Weizen-Vollkornmehl – ca. 60 g
- Pfeffer, Muskatnuss
- ½ Weißkohl – ca. 500 g
- 2 kleine Zwiebeln
- 50 g Haselnusskerne
- 2 EL Rapsöl
- 1 TL Kümmel
- 1 EL Weißweinessig

Zubereitung:

1. Kartoffeln und Möhren waschen, schälen, grob würfeln. In Salzwasser kochen und etwa 20 Minuten garen. Dann abgießen, abtropfen lassen und durch eine Presse in eine Schüssel geben. Dort 10 Minuten auskühlen lassen.
2. 1 Ei trennen, Eigelb mit Grieß, Mehl, etwas Salz und Pfeffer zur Kartoffelmasse geben, etwas Muskat darüber reiben. Dann einen glatten Teig kneten, den 30 Minuten ruhen lassen.
3. Inzwischen den Kohl putzen, vierteln, den Strunk heraustrennen. Quer zu den Rippen in feine Streifen schneiden. Zwiebeln schälen, in feine Streifen schneiden.
4. Auf einer bemehlten Fläche den Teig zu 3 Rollen von etwa 3 cm Ø formen, dann in ca. 2 cm dicke Stücke schneiden. Die Stücke zu spitzen Nudeln rollen. Auf ein bemehltes Backblech legen.
5. Haselnüsse hacken, dann in einer großen Pfanne rösten. Nüsse entnehmen, die Pfanne auswischen, das Rapsöl

erhitzen. Kohl, Zwiebeln und Kümmel ca. 10 Minuten bei mittlerer Hitze unter Rühren hellbraun anbraten.
6. Inzwischen in einem großen Topf Salzwasser zum Kochen bringen, die Schupfnudeln hineingeben und knapp unter dem Siedepunkt ca. 4 Minuten garziehen lassen.
7. Den Kohl mit Essig, Pfeffer und Salz würzen, etwas Muskat darüber reiben, Haselnüsse unterheben.
8. Nun die Nudeln mit einer Schaumkelle aus dem Topf nehmen und abgetropft zum Kohl geben, gründlich vermischen und servieren.

Paprika-Zucchini-Nudeln

Kalorien: 1620 kcal, Harnsäure 314 mg, Portion: 405 kcal/ 79 mg

Zutaten für 4 Portionen:

- 2 rote Paprika – a‘ 200 g
- 2 Zucchini – a‘ 250 g
- 2 EL Kapern - aus dem Glas
- 1 rote Chilischote
- 3 Scheiben Vollkorn-Baguette – ca. 40 g
- 2 EL Olivenöl
- 400 g Bandnudeln
- Salz und Pfeffer
- 1 EL Rapsöl
- 1 Knoblauchzehe

Zubereitung:

1. Paprikaschoten halbieren, Kerne entfernen und waschen. Auf ein Backblech Alufolie legen, darauf die Hälften mit den Hautflächen nach oben verteilen. Nun unter dem vorgeheizten Grill 6-8 Minuten solange rösten, bis die Haut etwas schwarz wird.
2. Inzwischen Zucchini putzen, quer halbieren und längs in Streifen schneiden. Kapern abtropfen lassen.

3. Paprika aus dem Ofen nehmen, ca. 5 Minuten mit einem feuchten Tuch bedecken, danach häuten und würfeln.
4. Chili längs halbieren, Kerne entfernen, waschen, fein hacken. Brot fein zerkrümeln und in eine Schüssel geben. 1 EL Olivenöl in einer kleinen Pfanne erhitzen, darin Chili und Brotkrümel unter Rühren goldbraun rösten.
5. Die Nudeln in Salzwasser bissfest garen.
6. Inzwischen das restliche Öl in einer großen Pfanne erhitzen, die Zucchini darin weichdünsten. Knoblauch schälen, durch eine Presse direkt zu den Zucchini geben, Kapern und Paprika unterrühren. Würzen und warmhalten.
7. Nudeln abgießen, abtropfen lassen, 75 ml Nudelwasser auffangen. Die Nudeln nun mit dem Gemüse mischen, das Nudelwasser unterrühren.
8. Alles auf Teller verteilen und mit Chilibröseln bestreut servieren.

Pasta mit Kartoffeln und Kräutern

Kalorien: 1425 kcal, Harnsäure 138 mg, Portion: 356 kcal/ 35 mg

Zutaten für 4 Portionen:

- 1 Knoblauchzehe
- 1 Zweig Rosmarin
- 4 festkochende Kartoffeln – ca. 250 g
- 350 g kurze Vollkorn-Pasta
- Salz und Pfeffer
- 2 EL Rapsöl
- 80 s Saure Sahne
- 200 ml selbstgemachte Gemüsebrühe
- 5 Stiele Basilikum
- 1 Stück Parmesan – ca. 40 g
- 1 EL Olivenöl

Zubereitung:

1. Knoblauch schälen, mit einem großen Messer zerdrücken. Rosmarin waschen, trocknen, Nadeln abstreifen und fein hacken. Kartoffeln schälen, waschen, trockentupfen und in ca. 1 cm große Würfel schneiden. Nochmal trockentupfen.
2. In reichlich kochendem Salzwasser die Pasta bissfest garen.
3. Inzwischen in einer Pfanne Rapsöl erhitzen, darin bei mittlerer Hitze die Kartoffeln 2-3 Minuten anbraten. Knoblauch und Rosmarin dazugeben, salzen, weitere 2 Minuten braten.
4. Sahne und Brühe hinzufügen, bei mittlerer Hitze etwa 5 Minuten kochen.
5. Basilikum waschen, trockenschütteln, Blätter abzupfen und in Streifen schneiden. Parmesan fein reiben.
6. Nudeln abgießen und abtropfen lassen, 50 ml Nudelwasser auffangen. In einer großen Schüssel Nudeln, Nudelwasser, Olivenöl, Parmesan und Kartoffelmischung vermischen und pfeffern. Mit Basilikum bestreut servieren.

Pellkartoffeln mit zweierlei Quark

Kalorien: 772 kcal, Harnsäure 144 mg, Portion: 193 kcal/ 48 mg

Zutaten für 4 Portionen:

- 1 kg Kartoffeln
- Salz
- 4 TL Kümmel

Kalorien: 812 kcal, Harnsäure 12 mg, Portion: x kcal/ x mg

Knoblauch-Majoran-Quark:

- 250 g Magerquark
- 100 g Dickmilch
- 2 Knoblauchzehen
- 200 g Salatgurke
- 1 Töpfchen frischen Majoran
- 2 EL Olivenöl
- Salz
- Weißer Pfeffer aus der Mühle

Kalorien: 778 kcal, Harnsäure 106 mg, Portion: x kcal/ x mg

Möhren-Quark:

- 2 EL Sonnenblumenkerne
- 1 Möhre – ca. 125 g
- Frühlingszwiebeln
- 375 g Magerquark
- 2 EL Schlagsahne
- 1 EL Walnussöl
- Salz
- Weißer Pfeffer aus der Mühle
- 1 Handvoll frischer Kerbel

Zubereitung:

1. Kartoffeln waschen, in Salzwasser mit Kümmel etwa 25-30 Minuten kochen.
2. Magerquark und Dickmilch verrühren. Knoblauch schälen, durch eine Knoblauchpresse in die Milch drücken. Gurke waschen, fein reiben, auf Küchenpapier legen. Majoran abschneiden, waschen, trockenschütteln, die Blätter von den Stielen zupfen.
3. Öl erhitzen, die Majoranblättchen frittieren. Gurkenraspel trocknen und mit dem Majoran zum Quark geben und verrühren. Mit Pfeffer und Salz würzen.
4. Sonnenblumenkerne in einer Pfanne rösten, auf einem Teller zur Seite stellen. Möhre schälen, fein raspeln. Frühlingszwiebeln putzen, waschen, fein schneiden. Den Quark mit Sahne und Walnussöl verrühren, Frühlingszwiebeln, Möhren und Sonnenblumenkerne untermischen. Salzen und pfeffern. Kerbelblättchen abbrausen, trocknen und unter den Quark ziehen.
5. Die Kartoffeln abgießen, abpellen und mit den Quarkmischungen servieren.

Pfannkuchenrollen mit Ziegenfrischkäse

Kalorien: 1444 kcal, Harnsäure 185 mg, Portion: 120 kcal/ 15 mg

Zutaten für 12 Stück:

- 150 g Dinkel-Vollkornmehl
- 100 ml Milch – 1,5% Fett
- 100 ml Mineralwasser mit Kohlensäure
- Salz
- 2 Eier
- 5 Möhren – ca. 500 g
- 1 Bund Basilikum
- 100 g Ziegenfrischkäse – 13& Fett absolut
- 50 g Magerquark
- 1 EL Blaumohn
- Pfeffer
- 2 EL Rapsöl

Zubereitung:

1. In einer Schüssel Mehl, Milch und Mineralwasser glattrühren, Eier und ½ TL salz unterrühren, den Teig ca. ½ Stunde quellen lassen.
2. Möhren, waschen, schälen, grob raspeln. In einer Schüssel salzen und etwa 5 Minuten stehen lassen. Basilikum waschen, trocknen. Einige Blätter zur Seite legen, den Rest fein hacken.
3. Frischkäse, Magerquark, Mohn und Basilikum unter die Möhren rühren, mit Pfeffer und Salz abschmecken.
4. Eine beschichtete Pfanne (ca. 16 cm Ø) dünne mit Öl ausstreichen und erhitzen, 3 TL vom Teig hineinfüllen und gleichmäßig verteilen. Von jeder Seite 2 Minuten backen. Danach auf einen Teller geben. Auf diese Weise weitere 11 Pfannkuchen backen und dann abkühlen lassen.
5. Auf den Pfannkuchen die Möhren-Frischkäse-Mischung verteilen, glattstreichen. Die übrigen Blätter Basilikum darüber streuen und die Pfannkuchen aufrollen.

Pikant geschmorter Mangold mit Chili

Kalorien: 596 kcal, Harnsäure 170 mg, Portion: 298 kcal/ 85 mg

Zutaten für 2 Portionen:

- 350 g Mangold, am besten roter
- Salz
- 1 kleine rote Chilischote
- 2 Knoblauchzehen
- 1 kleine Handvoll Sultaninen
- 2 EL Olivenöl
- 2 EL Rotweinessig
- Pfeffer

Zubereitung:

1. Mangold putzen, waschen, abtropfen lassen. Die Stiele entfernen, quer in Streifen schneiden, dann in kochendem Salzwasser ca. 2 Minuten vorgaren. Die Blätter in ca. 2 cm breite Streifen schneiden.
2. Chili waschen, trocknen, der Länge nach aufschneiden, entkernen, die Schote hacken. Knoblauch schälen, fein hacken. Sultaninen mit heißem Wasser überbrühen, abgießen und abtropfen lassen.
3. In einer beschichteten Pfanne Öl erhitzen, darin die Mangoldblätter unter Rühren ca. 1 Minute bei starker Hitze anbraten. Chili, Knoblauch und Mangoldstiele dazugeben und alles anbraten.
4. Sultaninen dazugeben, mit 100 ml Wasser und Essig ablöschen. Pfanne zudecken und den Mangold 3-4 Minuten bei mittlerer Hitze dünsten, salzen und pfeffern, dann die Flüssigkeit offen bei starker Hitze einkochen lassen. Mangold schmeckt sehr gut zu Reis.

Quarkkeulchen mit Mirabellenkompott

Kalorien: 2146 kcal, Harnsäure 215 mg, Portion: 536 kcal/ 54 mg

Zutaten für 4 Portionen:

- 400 g Kartoffeln
- 400 g Mirabellen – aus dem Glas
- 75 g Zucker
- 100 ml Birnensaft
- 1 Vanilleschote
- 1 TL Speisestärke
- 1 Bio-Zitrone
- 2 Eier
- 200 g Magerquark
- 1 Prise Salz
- 1 Msp. Zimt
- 50 g Rosinen
- 100 g Mehl
- 2 EL Rapsöl

Zubereitung:

1. Kartoffeln waschen, zugedeckt 20-30 Minuten weichkochen.
2. Mirabellen abtropfen lassen, halbieren, Steine entfernen. In einem Topf die Hälfte des Zuckers zu hellbraunem Karamell kochen, mit Birnensaft ablöschen. Vanilleschote längs halbieren, das Mark herauskratzen und mit den Mirabellen zum Karamell geben, kurz erhitzen.
3. Speisestärke mit etwas Wasser anrühren, unter das Kompott heben, bei kleiner Hitze leicht köcheln lassen. Zitrone heiß abspülen, trocknen, die Schale fein abreiben.
4. Kartoffeln abschrecken, pellen und heiß durch eine Presse in eine Schüssel drücken. Nun Eier, Quark, Salz, Zucker, Rosinen, Zimt und 70 g Mehl dazugeben, alles zu einem geschmeidigen Teig kneten. Daraus 16 kleine Klößchen formen, im restlichen Mehl wenden.

5. In einer Pfanne mit erhitztem Rapsöl die Keulchen portionsweise braten, bis sie goldbraun sind. Dann mit dem Kompott servieren.

Reisnudeln mit Putenbrust

Kalorien: 1302 kcal, Harnsäure 310 mg, Portion: 651 kcal/ 155 mg

Zutaten für 2 Portionen:

- 125 g Reisnudeln – Bandnudeln
- Salz
- 3 rote Paprikaschoten
- 2 Zwiebeln – a‘ 50 g
- 100 g Staudensellerie
- 100 g Putenbrust
- 2 Limetten
- 2 EL Rapsöl
- 30 g ungesalzene Erdnusskerne
- ½ TL Sambal Oelek
- 2 Stiele Basilikum
- 70 ml selbstgemachte Gemüsebrühe
- 2 TL brauner Rohrzucker

Zubereitung:

1. Die Nudeln nach Packungsanleitung in heißem Salzwasser einweichen, dann abgießen, abtropfen lassen.
2. Paprika halbieren, Kerne entfernen, waschen, in kurze Streifen schneiden. Zwiebeln schälen, halbieren, in Streifen schneiden. Sellerie waschen, entfädeln und in dünne Scheiben schneiden.
3. Putenbrust abspülen, trockentupfen, in dünne Scheiben schneiden.
4. Die Limetten heiß abspülen, die Schale einer Frucht abreiben. Beide Limetten nun halbieren, auspressen.

5. In einem Wok oder einer großen Pfanne 1 EL Öl erhitzen, darin die Putenbrust bei mittlerer Hitze unter Rühren ca. 2 Minuten anbraten. Herausnehmen, auf einem Teller salzen und mit der Limettenschale mischen.
6. Erdnüsse fein hacken, im Bratfett kurz anrösten, herausnehmen.
7. Übriges Öl in den Wok/die Pfanne geben, erhitzen und darin die Zwiebeln 2 Minuten andünsten. Sellerie und Paprika dazugeben, unter Rühren ca. 8 Minuten bei mittlerer Hitze braten, mit Sambal Oelek und Salz würzen.
8. Basilikum waschen, trocknen, die Blätter abzupfen, in Streifen schneiden.
9. Nudeln, Putenstreifen, Nüsse und Brühe zum Gemüse geben und erhitzen. Nach Geschmack Limettensaft dazugeben, mit braunem Zucker und Salz abschmecken.
10. Basilikum unterheben und servieren.

Rucola-Pfannkuchentorte

Kalorien: 1736 kcal, Harnsäure 272 mg, Portion: 434 kcal/ 68 mg

Zutaten für 4 Portionen:

- 125 g Dinkelmehl Type 630
- 250 ml Milch – 1,5% Fett
- 5 EL kohlensäurehaltiges Mineralwasser
- 3 Eier
- Salz
- 125 g Rucola
- 600 g Tomaten
- 1 Stück Parmesan – 50 g
- 250 g Ricotta
- 6 TL Rapsöl
- Pfeffer

Zubereitung:

1. Aus Mehl, 200 ml Milch, Mineralwasser, Eiern und 1 TL Salz einen glatten flüssigen Teig rühren, 15 Minuten ruhen lassen.
2. Inzwischen Rucola waschen, trocknen, verlesen, in feine Streifen schneiden. Tomaten waschen, Stielansätze entfernen, in Scheiben schneiden. Den Parmesan in eine Schüssel reiben, mit der übrigen Milch und Ricotta verrühren.
3. In eine beschichteten Pfanne 1 TL Öl erhitzen, 1 kleine Kelle vom Pfannkuchenteig geben und gleichmäßig verteilen. Etwa 1/6 der Rucolablätter auf dem teig verteilen. Jeweils 1 Minuten von jeder Seite backen. Mit dem restlichen Teig nacheinander weitere 5 Pfannkuchen backen.
4. Die fertigen Pfannkuchen abwechselnd mit Tomaten und Ricottamasse auf einem Teller übereinander schichten, jede Schicht leicht mit Salz und Pfeffer würzen. Die oberste Schicht Tomaten etwas üppiger mit der Masse bestreichen.
5. Im auf 175°C vorgeheizten Backofen die Pfannkuchentorte 20-25 Minuten backen. Dann den Grill zuschalten, 2-3 Minuten bei 250°C bräunen.

Scharfe Curry-Mango-Nudeln

Kalorien: 2060 kcal, Harnsäure 172 mg, Portion: 515 kcal/ 43 mg

Zutaten für 4 Portionen:

- 1 Mango – ca. 400 g
- 3 Frühlingszwiebeln
- 1 getrocknete Chilischote
- 3 EL Cashewkerne
- 1 Bio-Zitrone
- 8 Stiele Koriander
- 400 g kurze Nudeln – z.B. Fusilli
- Pfeffer und Salz
- 2 EL Rapsöl
- 1 EL scharfes Currypulver
- 200 ml selbstgemachte Gemüsebrühe

Zubereitung:

1. Mango schälen, Fruchtfleisch in Scheiben vom Stein schneiden, klein würfeln. Frühlingszwiebeln waschen, in dünne Ringe schneiden. Chilischote zerbröseln. Cashewkerne hacken.
2. Zitrone heiß abspülen, die Schale fein reiben. Koriander waschen, trocknen und grob hacken. Nudeln in Salzwasser bissfest garen.
3. Inzwischen in einer Pfanne Öl erhitzen, darin das Currypulver anrösten. Chili, Frühlingszwiebeln und Mango hinzufügen und unter Rühren 2-3 Minuten andünsten. Brühe dazugießen, den Zitronenabrieb dazugeben und etwas einkochen lassen. Dann Pfeffern und salzen.
4. Nudeln abgießen, abtropfen lassen. Etwa 50 ml Nudelwasser auffangen und unter die Currysauce mischen. Nudeln und Sauce in einer großen Schüssel mischen, dann auf Teller verteilen, mit Koriander und den Kernen bestreut servieren.

Scharfe Krebsfleisch-Pasta mit Fenchel

Kalorien: 1794 kcal, Harnsäure 329 mg, Portion: 448 kcal/ 82 mg

Zutaten für 4 Portionen:

- 1 Fenchelknolle – ca. 250 g
- 2 Knoblauchzehen
- 1 Zitrone
- 1 rote Chilischote
- 5 Stiele Petersilie
- 250 g Krebsfleisch – aus der Kühltheke
- 350 g lange, schmale Pasta – z.B. Linguine
- Salz und Pfeffer
- 4 EL Olivenöl
- 160 ml mediterrane Gemüsebrühe

Zubereitung:

1. Fenchel putzen, waschen, in dünne Scheiben hobeln. Das Grün waschen und zur Seite legen. Knoblauch schälen, in dünne Scheiben schneiden. Zitrone halbieren und auspressen.
2. Chilischote waschen, der Länge nach halbieren, entkernen, fein hacken. Petersilie waschen, trockenschütteln, Blättchen zupfen, grob hacken. Das Fenchelgrün nun auch hacken.
3. In einem Sieb das Krebsfleisch abtropfen lassen, ganz vorsichtig ausdrücken.
4. In reichlich kochendem Salzwasser die Pasta bissfest garen.
5. In einer großen Pfanne 2 EL Öl erhitzen, darin Chili, Fenchel und Knoblauch 3-4 Minuten unter Rühren andünsten. Brühe und Krebsfleisch dazugeben, alles 1-2 Minuten einkochen lassen.
6. Restliches Öl mit der Petersilie unter die Brühe mischen. Pasta abgießen, abtropfen lassen und untermischen.
7. Die Pasta auf Teller verteilen, mit Fenchelgrün bestreuen und servieren.

Smarte Ratatouille aus dem Ofen

Kalorien: 1578 kcal, Harnsäure 250 mg, Portion: 263 kcal/ 42 mg

Zutaten für 6 Portionen:

- 1 Zucchini – ca. 300 g
- 1 Aubergine – ca. 300 g
- Salz
- 4 Paprikaschoten – 2 gelbe + 2 rote
- 2 Stiele Basilikum
- 2 Zweige Thymian
- 2 Zwiebeln
- 2 Knoblauchzehen
- 3 EL Öl
- 425 g Pizzatomaten – aus der Dose
- Pfeffer
- 1 Stück Parmesan – ca. 40 g
- 3 EL Semmelbrösel – möglichst Vollkorn

Zubereitung:

1. Aubergine und Zucchini waschen, trocknen, in ca. 5 mm dicke Scheiben schneiden, die Schnittflächen mit Salz bestreuen, dann 15 Minuten ziehen lassen.
2. Inzwischen die Paprika vierteln, Kerne entfernen und waschen. Basilikum und Thymian waschen, trockenschütteln, 1 Zweig Thymian zur Seite legen. Die Blätter zupfen, fein hacken.
3. Zwiebeln und Knoblauch schälen, fein hacken. In einer Pfanne 1 TL Öl erhitzen, darin Zwiebeln und Knoblauch 2-4 Minuten bei mittlerer Hitze andünsten. Die Tomaten und Kräuter hinzufügen, einmal aufkochen, dann salzen und pfeffern, zur Seite stellen.
4. Auberginen und Zucchini trockentupfen, mit den Paprikastücken und dem übrigen Öl in einer Schüssel mischen. Den Käse reiben und mit den Semmelbröseln mischen.
5. In einer erhitzten Grillpfanne die Gemüsescheiben 1 Minute pro Seite grillen.

6. Eine Auflaufform fetten, darin abwechselnd Gemüse und Tomatensauce schichten. Nun etwa 25 Minuten im auf 200°C vorgeheizten Backofen backen, nach ca. 15 Minuten die Käsebrösel darüber streuen. Vor dem Servieren mit Thymian garnieren.

Spaghetti mit rotem Pesto

Kalorien: 1049 kcal, Harnsäure 119 mg, Portion: 262 kcal/ 30 mg

Zutaten für 4 Portionen:

- 6 getrocknete Tomaten – ca. 30 g
- 1 EL rote Linsen – ca. 15 g
- 1 EL ungeschälte Mandelkerne
- 350 g Spaghetti
- Salz
- 1 Knoblauchzehe
- 1 Stück Parmesan – 20 g
- 3 Stiele Basilikum
- 1 EL Tomatenmark
- 2 EL Olivenöl
- Cayennepfeffer

Zubereitung:

1. Die Tomaten in sehr kleine Stücke schneiden, zusammen mit den Linsen in ca. 120 ml Wasser zugedeckt aufkochen, 10 Minuten bei kleiner Hitze quellen lassen.
2. Inzwischen Mandeln hacken, in einer Pfanne bei mittlerer Hitze rösten. Danach auf einem Teller abkühlen lassen.
3. Spaghetti in reichlich Salzwasser bissfest garen. Knoblauch schälen, grob hacken. Parmesan sehr fein reiben.
4. Basilikum waschen, trocknen, dann die Blätter abzupfen, einige zur Seite legen für die Garnitur. Die übrigen Blätter grob hacken.
5. Tomaten, Linsen, Tomatenmark, Knoblauch, Olivenöl und Mandeln mit einem Mixer pürieren. Basilikum dazugeben, nochmal pürieren. Den Käse unterrühren und alles mit Salz und Cayennepfeffer abschmecken.
6. Nudeln abgießen, abtropfen lassen, das Kochwasser auffangen. Davon 6-8 EL unter das Pesto rühren. Nun die Spaghetti mit dem Pesto mischen, mit Basilikum garnieren und servieren.

Steckrüben-Rösti mit Birnenquark

Kalorien: 1022 kcal, Harnsäure 92 mg, Portion: 511 kcal/ 46 mg

Zutaten für 2 Portionen:

- 1 Stück Steckrübe – 500 g
- 4 Zweige Thymian
- 1 Schalotte
- 1 Ei
- Evtl. Mehl
- 2 EL Olivenöl
- 200 g Magerquark
- 2 EL Milch – 1,5% Fett
- ½ Zitrone
- Pfeffer und Salz
- Brauner Zucker
- 1 kleine Birne – ca. 125 g
- ½ Bund Rucola

Zubereitung:

1. Steckrübe putzen, schälen, grob raspeln. Thymian waschen, trockenschütteln, Blätter abzupfen. Schalotte schälen, fein würfeln. In einer Schüssel Steckrübe, Thymian, Schalotte und das Ei mischen. Evtl. etwas Mehl unterrühren.
2. In einer Pfanne 1 EL Öl erhitzen. Aus der Rübenmasse 3-4 Rösti in die Pfanne geben und glattstreichen. Von jeder Seite 2 Minuten backen, danach im Backofen bei 100°C auf einem Backblech mit Backpapier warmhalten. Aus der Steckrübenmasse die 2. Portion Rösti braten.
3. Inzwischen Milch und Quark glattrühren. Zitrone auspressen, 1 TL des Saftes in den Quark rühren, mit Zucker, Salz und Pfeffer abschmecken. Birne waschen, trockenreiben, vierteln und die Kerne entfernen. Birne fein würfeln, unter den Quark rühren.
4. Rucola waschen, trocknen, die groben Stiele abschneiden, Blätter grob hacken. Röste nun mit Birnenquark auf Tellern anrichten, mit dem Rucola bestreuen und servieren.

Süßkartoffelpuffer auf Löwenzahn

Kalorien: 1884 kcal, Harnsäure 172 mg, Portion: 942 kcal/ 86 mg

Zutaten für 2 Portionen:

- 100 g frischer Löwenzahn
- 1 rote Zwiebel
- 1 rote Süßkartoffel – ca. 400 g
- 2 EL Weizenmehl
- Salz
- 2 Eiweiß
- 2 EL Keimöl
- 3 EL Balsamico
- Pfeffer
- 2 TL Honig
- 1 EL Haselnussöl
- 2 EL gehobelte Haselnüsse

Zubereitung:

1. Löwenzahn waschen, trockenschleudern, putzen, in ca. 4 cm lange Stücke schneiden. Zwiebel schälen, in sehr feine Streifen schneiden. Kartoffel schälen, raspeln und mit Mehl, Salz und Zwiebel mischen.
2. Die Eiweiße steifschlagen, unter die Kartoffelmischung heben. Die Hälfte der Kartoffelmasse nun in einer Pfanne mit 1 EL erhitztem Keimöl zu 6 Puffern braten, je 3 Minuten pro Seite.
3. Fertige Puffer abtropfen lassen, dann auf ein Backblech mit Backpapier legen, im Backofen bei 100°C warmhalten. Die restliche Kartoffelmasse mit dem übrigen Keimöl zu weiteren Puffern braten.
4. Balsamessig. 1 EL Wasser, Pfeffer, Salz, Honig und Haselnussöl zu einer Sauce rühren und abschmecken. In einer Pfanne die Haselnüsse goldbraun rösten, dann auf einem Teller auskühlen lassen.

5. Löwenzahn und Salatsauce mischen, auf Tellern anrichten, mit den Haselnüssen bestreuen. Die Puffer auf dem Salat anrichten.

Vegetarische Kohlrouladen

Kalorien: 2396 kcal, Harnsäure 518 mg, Portion: 599 kcal/ 129 mg

Zutaten für 4 Portionen:

- 200 g Hirse
- 8 getrocknete Tomaten
- 800 ml (selbstgemachte) Gemüsebrühe
- 1 Weißkohl – ca. 1,5 kg
- Pfeffer und Salz
- ½ TL gemahlener Koriander
- 5 große Zwiebeln – a‘ 60 g
- 200 g fettreduzierter Schafskäse
- 1 Ei
- 1 TL Olivenöl
- 1 Bund glatte Petersilie

Zubereitung:

1. In einem Sieb die Hirse abspülen, abtropfen lassen. Tomaten in schmale Streifen schneiden. In einem Topf 400 ml Brühe zum Kochen bringen, darin Hirse und Tomaten aufkochen, denn zugedeckt 10 Minuten bei kleiner Hitze garen.
2. 8 große Blätter vom Weißkohl abtrennen, abspülen, zur Seite legen. Vom Rest Kohl ca. 200 g abwiegen, waschen, in etwa 1 cm große Quadrate schneiden, zur Hirse geben und 12 Minuten zugedeckt garen. Mit den Gewürzen abschmecken, dann abkühlen lassen.
3. In einem weiteren Topf mit kochendem Salzwasser die Kohlblätter aufkochen, dann 5 Minuten kochen lassen. Danach die Blätter abschrecken und abtropfen lassen.

4. Zwiebeln schälen, halbieren, in Streifen schneiden. Schafskäse klein würfeln. Unter die abgekühlte Hirse nun das Ei rühren, den Käse unterheben und nochmals abschmecken.
5. Von den Kohlblättern die dicken Rippen flachschneiden. Je 2 Blätter leicht überlappend nebeneinander legen und je 1 Portion Hirsemasse darauf geben. Längsseiten zur Mitte einschlagen, dann aufrollen und mit Zahnstochern feststecken.
6. In einem weiten Topf Öl erhitzen, darin die Rouladen rundherum anbraten. Zwiebeln dazugeben, kurz andünsten. Rest der Brühe dazugießen, dann zugedeckt 20-25 Minuten bei mittlerer Hitze schmoren.
7. Inzwischen die Petersilie abspülen, trocknen, Blättchen zupfen und grob hacken. Die Rouladen aus dem Topf nehmen und warmstellen. ¾ der Petersilie zu den Zwiebeln geben, aufkochen, pfeffern und salzen.
8. Die Rouladen mit der Sauce anrichten, mit der Petersilie bestreuen.

Wirsing-Lasagne mit Tomatensauce

Kalorien: 1318 kcal, Harnsäure 270 mg, Portion: 329 kcal/ 68 mg

Zutaten für 4 Portionen:

- 1 kleiner Wirsing – ca. 600 g
- 2 mittelgroße Zwiebeln
- 350 ml Gemüsebrühe (z.B. selbstgemachte)
- 1 TL getrockneter Thymian
- ½ TL Fenchelsaat
- 5 kleine Tomaten – a‘ 50 g
- 1 Knoblauchzehe
- 2 EL Olivenöl
- 400 g Pizzatomaten
- Pfeffer und Salz
- Rosenscharfes Paprikapulver
- 100 ml Milch – 1,5% Fett
- 1 ½ EL Mehl

- 3 EL geriebener Emmentaler
- Muskatnuss
- 12 Vollkorn-Lasagneblätter

Zubereitung:

1. Wirsing waschen, längs halbieren, in feine Streifen schneiden. Zwiebeln schälen, 1 Zwiebel halbieren, in Streifen schneiden.
2. Ca. 100 ml Brühe in einem Topf zum Kochen bringen, Fenchelsaat, Wirsing, Thymian und Zwiebeln darin aufkochen, zugedeckt ca. 15 Minuten bei kleiner Hitze dünsten.
3. Inzwischen die Tomaten waschen, Steilansätze entfernen, die Tomaten in Scheiben schneiden. Knoblauch schälen, hacken. Übrige Zwiebel halbieren, in kleine Würfel schneiden.
4. 1 EL Olivenöl in einem zweiten Topf erhitzen, darin Knoblauch und Zwiebelwürfel 5 Minuten dünsten. Die Pizzatomaten dazugeben, kurz aufkochen, sann mit Paprikapulver, Pfeffer und Salz würzen. Abkühlen lassen.
5. In einem weiteren Topf die restliche Gemüsebrühe und das restliche Öl aufkochen.
6. In einer Schüssel Milch und Mehl glattrühren, dann langsam unter die Brühe-Öl-Mischung gegen, erneut aufkochen lassen. 2 EL Emmentaler unter die Flüssigkeit rühren und schmelzen lassen. Käsesauce pfeffern und salzen, etwas Muskat dazu reiben.
7. Etwa die Hälfte der Tomatensauce in eine Auflaufform von ca. 20x28 cm geben, 1 Lage Lasagneblätter drauflegen, dann etwa 1/3 der Käsesauce, dann die Hälfte des Wirsinggemüses darauf verteilen. Dann wieder 1 Schicht Lasagne und die restliche Tomatensauce dazugeben. Wieder eine Schicht Lasagneblätter und zum Schluss nacheinander 1/3 der Käsesauce und das restliche Wirsinggemüse verteilen.
8. Eine letzte Schicht Lasagneblätter auflegen, restliche Käsesauce darüberstreichen, die Tomatenscheiben verteilen. Den Rest Reibekäse darauf streuen und pfeffern.
9. Im auf 200°C vorgeheizten Backofen ca. 45 Minuten backen.

Wok-Gemüse mit Ananas

Kalorien: 1051 kcal, Harnsäure 285 mg, Portion: 263 kcal/ 71 mg

Zutaten für 4 Portionen:

- 2 rote Zwiebeln
- 2 Möhren – ca. 200 g
- 300 g Tomaten
- 1 Knoblauchzehe
- 4 Stiele Thai-basilikum
- 1 reife Ananas – ca. 1 kg
- 1 EL Öl
- 3 EL Austernsauce
- 5 EL Gemüsebrühe
- 2 EL Sojasauce
- 1 TL brauner Zucker

Zubereitung:

1. Zwiebeln schälen, längs halbieren, in Spalten schneiden. Möhren schälen, längs halbieren, in Scheiben schneiden. Tomaten waschen, Stielansätze herausschneiden, Tomaten klein schneiden.
2. Knoblauch schälen, fein hacken. Basilikum waschen, trockenschütteln, Blätter abzupfen. Ananas schälen, der Länge nach vierteln, den Strunk entfernen, das Fruchtfleisch in Stücke von ca. 2 cm schneiden.
3. Öl in einem Wok heiß werden lassen, darin Möhren, Knoblauch und Zwiebeln unter Rühren 1-2 Minuten anbraten. Ananas und Tomaten dazugeben, etwa 5 Minuten braten.
4. Nun Austernsauce, Brühe, Sojasauce und Zucker zugeben, alles unter Rühren 1-2 Minuten fertigbraten. Beim Servieren mit Basilikum bestreuen.

Würziger Bärlauchschmarrn mit Schafskäse

Kalorien: 1212 kcal, Harnsäure 200 mg, Portion: 606 kcal/ 100 mg

Zutaten für 2 Portionen:

- 2 EL Korinthen – 30 g
- 2 Eier
- 150 g Dinkel-Vollkornmehl
- Salz
- 150 ml Mineralwasser mit Kohlensäure
- 50 ml Milch – 1,5% Fett
- 1 Bund Bärlauch – ca. 50 g
- 4 TL Rapsöl
- 100 g Schafskäse
- 1 TL rosa Pfefferbeeren

Zubereitung:

1. In 50 ml heißem Wasser die Korinthen einweichen. Die Eier trennen. Mehl und ½ TL salz mischen, Mineralwasser, Milch, Eigelbe nach und nach unterrühren. Den Teig ca. 20 Minuten ruhen lassen.
2. Bärlauch waschen, trocknen, putzen, in feine Streifen schneiden. Korinthen abtropfen lassen. Die Eiweiße steifschlagen, unter den Teig heben.
3. In einer Pfanne 1 TL Öl erhitzen, die Hälfte des Teiges hineingeben, darauf die Hälfte des Bärlauchs und der Korinthen verteilen. Den Teig etwa 3 Minuten bei mittlerer Hitze backen.
4. Ist die Unterseite gestockt, den Pfannkuchen wenden und nochmal 1 TL Öl in die Pfanne geben und fertigbacken. Mit zwei Pfannenwendern den Pfannkuchen in kleine Schmarrn reißen.
5. Den Schmarrn nun in eine Auflaufform geben, bei 100°C im Backofen warmhalten. Aus den übrigen Zutaten eine weitere Portion zubereiten.
6. Den Schmarrn auf Teller verteilen, den Schafskäse über den Schmarrn bröseln und mit Preiselbeeren bestreuen.

Zwiebel-Omelett mit Chili

Kalorien: 495 kcal, Harnsäure 47 mg, Portion: 247 kcal/ 23 mg

Zutaten für 2 Portionen:

- 3 rote Zwiebeln – ca. 200 g
- 1 TL Keimöl
- 4 Eier – Gr. S
- 1 EL Mineralwasser
- Pfeffer, Salz, Muskat
- 1 EL zarte Haferflocken – ca. 10 g
- 1 TL Amaranth-Pops – ca. 5 g
- 1 TL Honig
- 1 Msp. Chiliflocken
- ½ Blatt Nori-Alge

Zubereitung:

1. Zwiebeln, schälen, in Ringe schneiden. Die Ringe in einer Pfanne mit Öl unter ständigem Wenden etwa 8 Minuten braten.
2. Eier mit Mineralwasser verquirlen, mit Muskat, Pfeffer und Salz würzen. Die Eimasse zu den Zwiebeln geben, 10-12 Minuten bei kleiner Hitze stocken lassen.
3. In einer zweiten Pfanne die Haferflocken mit die Amaranth-Pops leicht rösten, den Honig, 1 Prise Salz und die Chiliflocken unterrühren. Auf einen Teller geben.
4. Die Nori-Alge in kurze, dünne Streifen schneiden. Das Omelett mit den Knusperflocken sowie den Algenstreifen servieren.

Salate

Fruchtiger Blattsalat mit Himbeere-Dressing

Kalorien: 862 kcal, Harnsäure 96 mg, Portion: 216 kcal/ 24 mg

Zutaten für 4 Portionen:

- 150 ml Orangensaft
- 1 EL Dijonsenf
- 2 EL Balsamico
- Salz, schwarzer Pfeffer
- 100 g Himbeeren
- 4 EL Rapsöl
- 1 kleiner Römersalat – ca. 175 g
- 1 kleiner Radicchio – ca. 150 g

Zubereitung:

1. In einem kleinen Topf den Orangensaft auf etwa 1/3 der Menge einkochen lassen, dann mit Senf, Essig, Salz und Pfeffer verrühren.
2. Himbeeren verlesen, einige für die Dekoration zur Seite legen. Die anderen zur Sause geben, etwas zerdrücken. Mit einem Schneebesen verrühren, dass Rapsöl unterschlagen.
3. Radicchio und Römersalat waschen, trockenschleudern, in mundgerechte Stücke teilen. In einer Schüssel mit der Sauce vermischen, mit den Himbeeren garnieren und servieren.

Geschmorter Römersalat

Kalorien: 440 kcal, Harnsäure 74 mg, Portion: 220 kcal/ 37 mg

Zutaten für 2 Portionen:

- 2 Römersalatherzen
- 30 g Parmesan
- 3 mittelgroße Tomaten
- 3 Frühlingszwiebeln
- 1 gehäufter EL Kapern
- 1 kleine Handvoll schwarze Oliven ohne Stein
- 2 Stiele Salbei
- 1 EL Olivenöl
- 1 EL Pinienkerne
- 3 EL Balsamico
- 1 Prise Rohrzucker

Zubereitung:

1. Die Strünke von den Salatherzen schneiden, Blätter waschen, trockenschütteln. Parmesan grob reiben. Tomaten waschen, vierteln, entkernen. Frühlingszwiebeln waschen, in feine Ringe schneiden. Kapern abgießen. Oliven hacken. Salbeiblätter waschen, trocknen, hacken.
2. In einer Pfanne das Öl erhitzen, den Salat darin bei hoher Hitze anbraten, dann Tomaten, Pinienkerne und Frühlingszwiebeln hinzufügen und 1 Minute braten. Nun Kapern, Oliven und Salbei dazugeben. Alles mit Essig und 3 EL Wasser ablöschen, etwa 20 Sekunden kochen, mit Pfeffer, Salz und Zucker abschmecken.
3. Salat auf Tellern anrichten, mit Käse bestreuen und servieren.

Kohlrabi-Rohkost mit Sesam

Kalorien: 190 kcal, Harnsäure 104 mg, Portion: 95 kcal/ 52 mg

Zutaten für 2 Portionen:

- 1 Kohlrabi – 500 g
- Salz und Pfeffer
- 10 g ungeschälter Sesam
- ½ Bio-Zitrone

Zubereitung:

1. Kohlrabi schälen, halbieren, mit dem Sparschäler in lange, dünne Scheiben schneiden. Daraus nun lange Streifen schneiden. In einer Schüssel mit etwas Salz mischen, dann 10 Minuten Saft ziehen lassen.
2. Sesam in einer Pfanne ohne Fett rösten, dann abkühlen lassen. Zitrone heiß abspülen, trocknen, mit dem Sparschäler einen breiten Streifen der Schale sehr dünn schälen und in sehr dünne Julienne schneiden. Die Zitrone auspressen.
3. In einer Schüssel die Kohlrabistreifen mit der Zitronenschale und 1-2 TL Saft mischen, pfeffern und die Hälfte des Sesams unterheben.
4. Die Rohkost anrichten, mit Sesam bestreuen und servieren.

Melonensalat auf Frischkäse

Kalorien: 1734 kcal, Harnsäure 154 mg, Portion: 433 kcal/ 38 mg

Zutaten für 4 Portionen:

- 1 Melone – ca. 800 g
- 1 EL Mandelblättchen – 20 g
- 1 Bund Koriander
- 1 kleine Limette
- 4 EL flüssiger Honig
- 300 g körniger Frischkäse

Zubereitung:

1. Melone halbieren, mit einem Löffel entkernen. Mit einem Kugelausstecher das Fruchtfleisch in Kugeln ausstechen, diese in einer Schüssel kalt stellen.
2. In einer Pfanne ohne Fett die Mandeln hellbraun rösten, dann auskühlen lassen.
3. Koriander waschen, trocknen, Blättchen zupfen und mit Mandeln in einem hohen Gefäß pürieren. Limette halbieren, auspressen, den Saft mit dem Honig unter das Koriander-Püree rühren.
4. Auf dem Frischkäse die Melonenkugeln anrichten, etwas Koriander-Dip darüber träufeln, den Rest dazu servieren.

Möhren-Ananas-Salat mit Ingwer und Mandeln

Kalorien: 1720 kcal, Harnsäure 257 mg, Portion: 430 kcal/ 64 mg

Zutaten für 4 Portionen:

- 7 Möhren – ca. 700 g
- 1 Ananas – ca. 1 kg
- 2 Frühlingszwiebeln
- 1 Stück Ingwer – ca. 20 g
- 1 EL flüssiger Honig – 20 g
- Pfeffer und Salz
- 4 EL Sonnenblumenöl
- 1 gehäufter EL Mandelstifte – 20 g

Zubereitung:

1. Möhren waschen, schälen und in feine Scheiben schneiden, in eine große Schüssel geben. Ananas schälen, achteln, den Strunk entfernen, das Fruchtfleisch in feine Scheiben schneiden, dann zu den Möhren geben.
2. Frühlingszwiebeln waschen, putzen, in Röllchen schneiden und mit Ananas und Möhren mischen. Ingwer schälen, sehr fein reiben, dann in einer Schüssel mit Honig, Pfeffer und Salz sowie Sonnenblumenöl zu der Salatsauce verrühren, dann alles zur Ananas-Gemüse-Mischung gießen, gut mischen, etwa 15 Minuten ziehen lassen.
3. In einer Pfanne die mandelstifte ohne Fett goldbraun rösten, dann auf einem Teller abkühlen lassen.
4. Den Salat mit Pfeffer und Salz abschmecken, vor dem Servieren die Mandeln unterheben.

Papaya-Mozzarella-Carpaccio

Kalorien: 1221kcal, Harnsäure 128 mg, Portion: 610 kcal/ 64 mg

Zutaten für 2 Portionen:

- 125 g Mozzarella – 9% Fett
- 1 reife Papaya – ca. 400 g
- 1 rote milde Chilischote
- 2 Stiele Basilikum
- 2 TL Rapsöl
- ½ TL Chiliöl
- Salz, grob gemahlener Pfeffer
- 4 Scheiben Vollkorn-Baguette

Zubereitung:

1. Mozzarella abtropfen lassen, dann halbieren und in dünne Scheiben schneiden. Papaya schälen, längs halbieren, die Kerne herauslösen, die Papayahälften quer in möglichst dünne Scheiben schneiden.
2. Chilischote längs halbieren, putzen, entkernen, dann waschen und längs in feine Streifen schneiden. Basilikum waschen, trockenschütteln, Blättchen abzupfen.
3. Mozzarella- und Papayascheiben mit den Kräuterblättern auf Tellern anrichten, mit den Chilistreifen bestreuen.
4. Rapsöl, Chiliöl und Salz verrühren, damit das Carpaccio beträufeln. Etwas Pfeffer drüberstreuen und das Brot dazu reichen.

Pesto-Nudelsalat

Kalorien: 1715 kcal, Harnsäure 181 mg, Portion: 286 kcal/ 30 mg

Zutaten für 6 Portionen:

- 400 g Penne
- Salz und Pfeffer
- 50 g Sultaninen
- 50 g Pinienkerne
- 2 rote Zwiebeln
- 50 g grüne Oliven – ohne Stein
- 4 EL leichtes Pesto
- 2 EL Olivenöl
- 2 EL Rotweinessig
- 24 Kirschtomaten
- 250 g Büffelmozzarella
- 4 Stiele Basilikum

Zubereitung:

1. Die Nudeln in viel Salzwasser bissfest kochen.
2. In der Zwischenzeit die Sultaninen in warmem Wasser einweichen. Pinienkerne ohne Fett in einer Pfanne hellbraun rösten, auf einem Teller abkühlen lassen.
3. Zwiebeln schälen, in sehr feine Ringe schneiden. Oliven hacken. Sultaninen ausdrücken. Die Nudeln in einem Sieb kalt abschrecken.
4. Die vorbereiteten Zutaten mit Pesto, Olivenöl, Essig, Pfeffer und Salz mischen.
5. In einer Grillpfanne die gewaschenen Kirschtomaten rundherum bei sehr starker Hitze leicht grillen.
6. Mozzarella abtropfen lassen, dann in Würfel schneiden. Basilikum waschen, trocknen, grob hacken. Den Salat auf Portionsschalen verteilen, Tomaten, Mozzarella und Basilikum darauf verteilen.

Pikanter Feigensalat mit Manchego

Kalorien: 206 kcal, Harnsäure 57 mg, Portion: 103 kcal/ 28 mg

Zutaten für 2 Portionen:

- 2 kleine Orangen – a` ca. 125 g
- 2 reife Feigen – a` ca. 60 g
- 2 Zweige Zitronenthymian
- 1 Stück Manchego – ca. 10 g
- Pfeffer aus der Mühle

Zubereitung:

1. Orangen schälen, dass die weiße Haut auch entfernt ist. Über einer Schüssel nun die Orangenfilets herausschneiden. Feigen waschen, putzen, in Spalten schneiden und in einer anderen Schüssel mit den Orangen mischen.
2. Thymian waschen, trockenschleudern. Blätter abzupfen, fein hacken. Unter das Obst mischen, 5 Minuten ziehen lassen.
3. Mit einem Sparschäler den Manchego in sehr dünne Streifen hobeln. Auf den Feigensalat nun Pfeffer aus der Mühle mahlen, Käse darauf anrichten und servieren.

Pilzsalat mit Frisee

Kalorien: 1410 kcal, Harnsäure 304 mg, Portion: 705 kcal/ 152 mg

Zutaten für 2 Portionen:

- 75 ml Holunderbeersaft
- 1 EL Honig
- 1 Schalotte
- 1 EL Balsamessig
- 1 TL Senf
- Salz und Pfeffer
- 5 EL Rapsöl
- 30 g Haselnusskerne – ohne Haut
- 350 g gemischte fleischige Pilze – Shiitake, Austernpilze o.ä.
- 1 kleiner Friseesalat
- 30 g Parmesan

Zubereitung:

1. In einem Edelstahltopf den Holundersaft mit Honig zum Kochen bringen, dann 5 Minuten auf die Hälfte einkochen lassen.
2. Schalotte schälen, fein würfeln. Dann in einer Schüssel mit dem eingedickten Saft, Essig, Senf und etwas Salz und Pfeffer verrühren, das Rapsöl unter schlagen.
3. Nüsse grob hacken. Pilze putzen. Frisee putzen, waschen, trocknen. Dann in mundgerechte Stücke teilen.
4. Eine Grillpfanne erhitzen. Die Pilze in 1 EL Holundersauce wenden, in der Pfanne rundherum 4-5 Minuten bei starker Hitze braten.
5. Den Salat mit der übrigen Holundersauce mischen, auf Teller verteilen. Die Pilze auf den Salat geben, Parmesan darüber hobeln und mit grobem Pfeffer würzen.

Radieschen-Sprossen-Salat mit Harzer Käse

Kalorien: 777 kcal, Harnsäure 39 mg, Portion: 388 kcal/ 19 mg

Zutaten für 2 Portionen:

- 1 Bund Radieschen
- 1 kleiner Friseesalat
- ½ Mini-Salatgurke
- 1 rote Zwiebel
- 2 EL Sprossen
- 2 kleine Gewürzgurken
- 100 g Harzer Käse
- 3 EL heller Balsamico
- 2 EL Gemüsebrühe
- Pfeffer und Salz
- 2 EL Olivenöl

Zubereitung:

1. Radieschen putzen, waschen, trockentupfen, in dünne Scheiben schneiden. Salat putzen, waschen, trockenschleudern, in mundgerechte Stücke teilen. Gurke schälen, in dünne Scheiben schneiden. Zwiebel schälen, in feine Ringe schneiden.
2. In einem Sieb die Sprossen abspülen, abtropfen lassen. Die abgetropften Gewürzgurken sehr fein hacken. Harzer grob würfeln.
3. In einer Salatschüssel Essig, Brühe, Salz, Pfeffer und Olivenöl mischen. Radieschen, Zwiebeln, frische und Gewürzgurken, Käse und die Sprossen untermischen, dann ca. 10 Minuten ziehen lassen, evtl. nochmal abschmecken.
4. Nun den Friseesalat unterheben und servieren.

Rucolasalat mit Fenchel und Parmesan

Kalorien: 1000 kcal, Harnsäure 74 mg, Portion: 500 kcal/ 37 mg

Zutaten für 2 Portionen:

- 1 Fenchelknolle – ca. 250 g
- 1 Bund Rucola – ca. 75 g
- 1 Mini-Salatgurke
- 30 g Parmesan
- 2 EL Balsamico
- 1 TL Honig
- Salz und Pfeffer
- 4 EL Olivenöl

Zubereitung:

1. Fenchel waschen, den Strunk größtenteils herausschneiden. Das Grün hacken. Fenchel auf dem Gemüsehobel in ganz dünne Scheiben schneiden.
2. Rucola waschen, putzen, trocknen. Salatgurke schälen, längs halbieren, entkernen und in feine Würfel schneiden. Parmesan fein hobeln.
3. Essig, Honig, Salz, Pfeffer, Olivenöl und Fenchelgrün zu einer Vinaigrette verrühren, dann die Gurkenwürfel unterrühren.
4. Fenchel und Rucola mit der Sauce vermischen und auf Teller verteilen. Mit Parmesan und Pfeffer bestreuen.

Smarter Harzer Käsesalat

Kalorien: 1060 kcal, Harnsäure 120 mg, Portion: 530 kcal/ 60 mg

Zutaten für 2 Portionen:

- 100 ml Apfelsaft, naturtrüb
- 1 EL Senfkörner
- 1 TL Rohrzucker
- 2 EL Apfelessig
- ½ TL Salz
- Pfeffer
- 2 EL Rapsöl
- 1 Stück Rettich – ca. 200 g
- 2 kleine rote Zwiebeln
- 300 g Harzer Käse
- 1 Bund Schnittlauch
- 2 Blätter Kopfsalat

Zubereitung:

1. Den Apfelsaft mit Senfkörnern, Zucker, Essig und Salz im Topf aufkochen, dann bei großer Hitze auf etwa die Hälfte einkochen lassen. Dann pfeffern und das Öl unterschlagen, auskühlen lassen.
2. Rettich waschen, schälen, in ganz feine Scheiben schneiden. Zwiebeln schälen, in sehr feine Ringe hobeln. Den Harzer Käse in Scheiben schneiden, mit dem Rettich und Zwiebeln in eine Schüssel geben, die eingekochte Sauce unterheben, alles etwa 10 Minuten ziehen lassen.
3. Schnittlauch waschen, trockenschütteln, in Röllchen schneiden und über den Salat streuen. Noch mit Kopfsalat garnieren und servieren.

Tomaten-Mango-Salat mit Büffelmozzarella

Kalorien: 813 kcal, Harnsäure 120 mg, Portion: 407 kcal/ 60 mg

Zutaten für 4 Portionen:

- 500 g Tomaten – verschiedene bunte Sorten
- 1 Mango – ca. 400 g
- Pfeffer und Salz
- 1 Römersalatherz
- 2 Frühlingszwiebeln
- 4 Stiele Basilikum
- 2 EL Balsamico
- 1 EL Olivenöl
- 125 g Büffelmozzarella

Zubereitung:

1. Tomaten waschen, Stielansätze herausschneiden. Tomaten in Spalten schneiden. Mango schälen, das Fruchtfleisch in Spalten vom Stein schneiden. In einer Schüssel Tomaten und Mangostücke mit Salz und Pfeffer würzen, ca. 10 Minuten ziehen lassen.
2. Römersalat putzen, trockenschleudern, dann in mundgerechte Stücke schneiden. Frühlingszwiebeln putzen, waschen, abtropfen lassen, in Ringe schneiden. Den Salat mit den Frühlingszwiebeln zur Tomatenmischung geben und vermischen.
3. Basilikum waschen, trocknen, die Blätter fein hacken und mit dem Balsamessig und Olivenöl unter den Salat mischen. Salzen und pfeffern.
4. Den Mozzarella abtropfen lassen, zerpflücken oder schneiden. Den Salat anrichten, den Mozzarella darauf verteilen.

Würziger Gemüsesalat mit Thunfischcreme

Kalorien: 2934 kcal, Harnsäure 754 mg, Portion: 489 kcal/ 125 mg

Zutaten für 6 Portionen:

- 1 kg festkochende Kartoffeln
- Salz und Pfeffer
- 4 Eier
- ½ Zitrone
- 185 g Thunfisch naturell
- 40 g Kapern
- 300 g Joghurt – 0,3% Fett
- 150 g saure Sahne
- 3 EL Olivenöl
- 500 g Möhren
- 200 g TK-Erbsen
- 150 g grüne Bohnen
- 1 große rote Zwiebel
- Balsamico

Zubereitung:

1. Kartoffeln waschen. Mit Schale 20-30 Minuten in Salzwasser kochen. Abgießen, abschrecken, etwas abkühlen lassen. Dann pellen und komplett abkühlen lassen.
2. In kochendem Wasser die Eier 8-9 Minuten kochen, dann abgießen, abschrecken und zur Seite legen.
3. Zitrone auspressen. Thunfisch und Kapern abtropfen lassen, dann mit Zitronensaft, Joghurt, Sahne und Olivenöl in einem hohen Gefäß fein pürieren, salzen, pfeffern, kalt stellen.
4. Möhren waschen, fein würfeln, in kochendem Salzwasser etwa 5-6 Minuten kochen, nach 3 Minuten die Erbsen dazugeben. Danach abgießen, abtropfen lassen.
5. Bohnen waschen, putzen, 8 Minuten in Salzwasser garen. Auch abgießen, abschrecken und abtropfen lassen. Zwiebel schälen, sehr fein hacken. Den Essig mit der doppelten Menge Wasser zum Kochen bringen, darin die Zwiebel 1 Minute kochen. Abgießen, gut abtropfen lassen.

6. Kartoffeln in 1 cm große Würfel schneiden. Nun alle vorbereiteten Zutaten mit der Sauce mischen, nach Geschmack abschmecken. Eier pellen, halbieren, den Salat garnieren und servieren.

Zucchini-Salat mit gebratenem Käse

Kalorien: 1370 kcal, Harnsäure 180 mg, Portion: 685 kcal/ 90 mg

Zutaten für 2 Portionen:

- 7 kleine gekochte Kartoffeln – vom Vortag
- 2 kleine Zucchini
- Pfeffer und Salz
- 2 schwarze entsteinte Oliven
- 150 g Halloumi-Käse
- 1 TL Olivenöl
- 1 TL getrockneter Thymian
- 3 EL Weißweinessig
- 4 EL mediterrane Gemüsebrühe
- 4 Scheiben Vollkorn-Baguette

Zubereitung:

1. Kartoffeln pellen, klein würfeln. Zucchini waschen. Putzen, der Länge nach halbieren, quer in dünne Scheiben schneiden. Kartoffeln und Zucchini mischen, etwas salzen und pfeffern und auf 2 Tellern anrichten.
2. Oliven feinhacken, den Käse diagonal halbieren und trockentupfen. Eine Pfanne sehr dünn mit Öl bepinseln, darin den Käse beidseitig 2 Minuten braten, mit Thymian bestreuen, dann auf die Kartoffelmischung setzen.
3. In das Bratfett den Essig, Brühe und Oliven geben und aufkochen lassen. Die Vinaigrette mit Salz und Pfeffer abschmecken, über die Kartoffel-Zucchini-Mischung träufeln. Dazu das Brot essen.

Essbare Blüten und Kräuter – eine Augenweide und eine Wohltat

Giersch und Gundermann, Löwenzahn und Brennnessel – das ewige Ärgernis des Gärtners bringt so viel Gutes mit, da macht der Kopfsalat keine gute Figur!

Brennnessel-Nockerl

Kalorien: 2340 kcal, Harnsäure 371 mg, Portion: 585 kcal/ 93 mg

Zutaten für 4 Portionen:

- 500 g junge, zarte Brennnesselblätter
- 400 g Mehl
- 250 ml Milch
- 3 Eier
- 2 EL Öl
- Pfeffer und Salz
- 1 Prise Muskatnuss

Zubereitung:

1. Brennnesseln putzen, in kochendem Salzwasser blanchieren. Dann abseihen und passieren.
2. In einer Schüssel alle Zutaten zu einem Teig verarbeiten.
3. Einen Topf mit Wasser zum Kochen bringen, mit einer Nockerlreibe den Teig ins Wasser bringen und 10 Minuten kochen, dann abseihen.
4. Die Nockerl schmecken hervorragend zu Parmesan und zerlassener Butter.

Brennnessel-Strudel

Kalorien: 2224 kcal, Harnsäure 363 mg, Portion: 556 kcal/ 91 mg

Zutaten für 4 Portionen:

- 300 g Mehl
- 125 ml Wasser
- 1 TL salz
- 500 g Brennnesselblätter
- 100 g Schafskäse
- 50 g Walnüsse
- 4 Knoblauchzehen
- 1 EL Olivenöl
- 1 Msp. Muskatnuss
- 1 TL Salz
- Schwarzer Pfeffer

Zubereitung:

1. In einer Schüssel Mehl mit Wasser und Salz zu einem glatten teig kneten, 15 Minuten ruhen lassen.
2. Brennnesseln grob schneiden. In einem Topf das Olivenöl erhitzen, darin die Brennnesseln andünsten. Schafskäse zerbröseln und mit den Brennnesseln mischen.
3. Walnüsse grob hacken und dazugeben, mit Muskat, Pfeffer, Salz und Olivenöl würzen. Mit zerdrückten Knoblauchzehen abschmecken.
4. Backofen auf 200°C vorheizen.
5. Den Teig auf einer bemehlten Fläche so dünn wie möglich ausrollen. Darauf die Brennnesselmasse gleichmäßig verstreichen, den Teig an den Seiten einschlagen und aufrollen, mit Olivenöl bepinseln und backen, bis der Strudel hellbraun ist.

Kartoffel-Pizzette mit Löwenzahn-Pesto

Kalorien: 2630 kcal, Harnsäure 476 mg, Portion: 220 kcal/ 40 mg

Zutaten für 12 Portionen:

- 2 Zweige Thymian
- 2 Zweige Rosmarin
- ½ Würfel Hefe
- 450 g Mehl
- 1 TL Salz
- 2 EL Olivenöl
- 300 g festkochende Kartoffeln
- Mehl
- 200 g Tofu
- 100 g Sojacreme
- Kräutersalz
- Pfeffer aus der Mühle
- Olivenöl für die Bleche

Zubereitung:

1. Thymian und Rosmarin abspülen, trocknen, abzupfen, fein hacken.
2. In 50 ml lauwarmem Wasser die Hefe auflösen. Mehl, Salz und Kräuter in eine Schüssel geben, eine Mulde in die Mitte drücken und da hinein die Hefemischung geben. Mit Mehl bestäubt etwa 15 Minuten gehen lassen.
3. Dann 175 ml lauwarmes Wasser, 2 EL Olivenöl dazugeben du alles zu einem geschmeidigen Teig verkneten, der sich vom Schüsselrand löst. Zu einer Kugel formen, zugedeckt etwa 45 Minuten gehen lassen.
4. Backofen auf 220°C vorheizen.
5. Kartoffeln schälen, in ganz feine Scheiben hobeln. Tofu, Sojacreme und ½ TL Kräutersalz zu einer glatten Masse verrühren. Nun den Teig nochmal kneten, dann in 12 Stücke teilen. Auf einer bemehlten Fläche zu kleinen Pizzen ausrollen.
6. Die Pizzetten mit Tofucreme bestreichen, mit Kartoffelscheiben dachziegelartig belegen, salzen und

pfeffern. Dann auf 2 mit Öl eingepinselte Backbleche legen, dabei etwas Abstand zwischen den Pizzetten lassen. Nun etwa 20 Minuten knusprig backen.

7. Zum Servieren die Pizzette mit Löwenzahn-Pesto (siehe unten) beträufeln.

Löwenzahn-Pesto

Kalorien: 1100 kcal, Harnsäure 67 mg, Portion: 550 kcal/ 33 mg

Zutaten für 2 Portionen:

- 80 g junge Löwenzahnblätter
- ½ Bund Basilikum
- 40 g Pinienkerne
- 30 g Parmesan
- 1 Knoblauchzehe
- 70 ml Olivenöl
- Pfeffer und Salz

Zubereitung:

1. Die Löwenzahnblätter etwa 20 Minuten in kaltes Wasser legen, gut abtropfen lassen. Basilikumblätter zupfen. Parmesan grob reiben. Knoblauch schälen, fein hacken.
2. Bis auf einen EL Olivenöl alle Zutaten grob pürieren, mit Salz und Pfeffer abschmecken.
3. In Gläser abfüllen, mit Olivenöl abschließen. Kühl und dunkel lagern.

Kräuterbällchen im Blütenkleid

Kalorien: 498 kcal, Harnsäure 0 mg, Portion: 50 kcal/ 0 mg

Zutaten für 10 Portionen:

- 200 g Frischkäse
- 4-5 EL frische, gehackte Kräuter – Schnittlauch, Petersilie, Bärlauch o.ä.
- Salz
- Verschiedenfarbige Blüten – Gänseblümchen, Löwenzahn, Veilchen o.ä.

Zubereitung:

1. Frischkäse mit den Kräutern vermischen, mit Salz abschmecken.
2. Blütenblätter zupfen und auf kleine Teller verteilen. Aus dem Frischkäse mit Teelöffeln Kugeln formen, in den Blättern wälzen.
3. Die Kräuterbällchen sind sehr dekorativ, schmecken aber auch gut mit gekochten Kartoffeln oder aufs Brot.

Lavendel-Kekse

Kalorien: 2377 kcal, Harnsäure 79 mg, Portion: x kcal/ x mg

Zutaten:

- 250 g Mehl
- 125 g Butter
- 125 g Zucker
- 1 Ei
- 5 g getrocknete Lavendelblüten
- Lavendelzucker

Zubereitung:

1. Butter in kleine Stücke schneiden, mit dem Mehl verkrümeln. Zucker mit dem Ei schaumig rühren. Zum Mehl geben und mit den Lavendelblüten verkneten. Den Teig 1 Stunde kühl ruhen lassen.
2. Backofen auf 180°C vorheizen.
3. Teig auf einer bemehlten Fläche ausrollen, mit Ausstechern Kekse formen. Ein Backblech mit Backpapier auslegen. Kekse nun etwa 15-20 Minuten backen.

Leichte Blüten-Muffins

Kalorien: 1208 kcal, Harnsäure 52 mg, Portion: 101 kcal/ 4 mg

Zutaten für 12 Stück:

- 150 g Mehl
- 2 TL Backpulver
- 150 g Joghurt
- 1 Ei
- 100 g Zucker
- Mark einer ½ Vanilleschote
- Weiße Schokoglasur
- Essbare Blüten

Zubereitung:

1. Backofen auf 160°C vorheizen.
2. Mehl und Backpulver in eine Schüssel sieben. In einer anderen Schüssel Joghurt, Ei, Zucker und Vanille vermengen. Die Masse zum Mehl geben, nur grob vermischen, damit die Muffins flaumig werden.
3. Den Teig in gebutterte Muffinförmchen geben, nur zu 2/3 füllen, da der Teig noch aufgeht.
4. Muffins etwa 20 Minuten backen, abkühlen lassen und mit Schokoglasur verzieren und die Blüten auflegen.

Nussiger Löwenzahnsalat

Kalorien: 1298 kcal, Harnsäure 65 mg, Portion: 324 kcal/ 16 mg

Zutaten für 4 Portionen:

- 20 g Löwenzahn
- 30 g Kräuter – z.B. Spitzwegerich, Minze, Kerbel, Sauerampfer o.ä.
- 100 g gemischter Blattsalat – z.B. Eichblatt, Rucola, Radicchio o.ä.
- 8 Stück Macadamianüsse
- 1 EL Honig
- 3 EL Weißweinessig
- 5 EL Olivenöl
- Pfeffer und Salz

Zubereitung:

1. Honig, Öl und Essig zu einem Dressing verrühren, mit Pfeffer und Salz abschmecken.
2. Salat gut waschen, trockenschütteln. Kräuter fein hacken.
3. Salat und Kräuter locker vermengen, mit den Nüssen und dem Dressing mischen, nochmal abschmecken.
4. Den Salat auf 4 Teller verteilen und servieren.
5. Statt Macadamianüssen kann man auch frische Heidelbeeren nehmen.

Philadelphia-Törtchen „Rose und Himbeere“

Kalorien: 2752 kcal, Harnsäure 18 mg, Portion: 229 kcal/ 1,5 mg

Zutaten für 12 Stück:

- 150 g Butter-Spritzgebäck
- 50 g Butter
- 1 Pckch. Bourbon-Vanillezucker
- 3 Pck. Philadelphia-Doppelrahm a` 175 g
- 300 g Joghurt
- 3 EL Zitronensaft
- 1 Pck. gemahlene Gelatine
- 75 g Zucker
- 3 EL Rosenwasser
- 1 Tropfen rote Lebensmittelfarbe
- 2 TL Himbeersauce
- 12 frische Himbeeren
- Essbare Rosenblütenblätter

Zubereitung:

1. Das Spritzgebäck in einem Gefrierbeutel mit einem Nudelholz vollständig zerbröseln. Butter schmelzen, mit den Bröseln und Vanille mischen und in 12 Förmchen von 6 cm Ø drücken.
2. Philadelphia, Joghurt und Zitronensaft vermengen. Gelatine in 150 ml kaltem Wasser 10 Minuten einweichen, Zucker dazugeben, unter Rühren erwärmen, bis sich alles gelöst hat. Dann zügig unter die Käsecreme rühren und Rosenwasser zufügen.
3. Etwa 1/3 der Masse mit Lebensmittelfarbe und Himbeersauce einfärben. Etwas Philadelphia-Creme auf den Formen verteilen, dann rote Creme draufstreichen und mit der übrigen Philadelphia-Creme bedecken. Ca. 2 Stunden in den Kühlschrank stellen.
4. Die Creme vom Rand mit einem spitzen Messer lösen, die Förmchen entfernen –von unten nach oben streifen. Nun mit Himbeeren oder Rosenblütenblättern dekorieren.

Radieschenblätter-Suppe mit Gänseblümchen

Kalorien: 995 kcal, Harnsäure 63 mg, Portion: 248 kcal/ 16 mg

Zutaten für 4 Portionen:

- 2 Bund Radieschen – mit Blättern
- 1 Zwiebel
- 50 g Butter
- 1 EL Mehl
- 800 ml (selbstgemachte) Gemüsebrühe
- 100 ml Sahne
- Muskatnuss, Pfeffer und Salz
- 16 Gänseblümchen-Köpfe

Zubereitung:

1. Radieschen waschen, Blätter abschneiden und hacken. Radieschen grob schneiden. Zwiebel fein würfeln. Butter schmelzen.
2. In der Butter 2/3 der Radieschen und die Zwiebel anschwitzen. Mehl einstreuen, kurz anschwitzen. Die Brühe dazugießen und alles 5 Minuten köcheln lassen.
3. Die Suppe mit den übrigen Radieschen, den Blättern und der sahne zu einer sämigen Suppe aufschlagen, nochmal erhitzen und mit den Gewürzen abschmecken.
4. Gänseblümchen abbrausen, auf Küchenpapier trocknen. Die Suppe auf Suppenteller verteilen, mit 3-4 Gänseblümchen garnieren.

Rohe Frühlingsrollen mit Gemüse und Essblüten

Kalorien: 282 kcal, Harnsäure 170 mg, Portion: 71 kcal/ 42 mg

Zutaten für 4 Portionen:

- 400 g Rotkohl
- ½ rote Zwiebel
- 400 g Möhren
- 4 EL Reisessig
- 2 TL Zucker
- 3 TL Sesamöl
- 1 TL Abrieb einer Bio-Orange
- 300 g Senfgurken
- 6 Blatt Reispapier
- 2 Handvoll essbare Blüten – Stiefmütterchen, Kornblumen o.ä.
- Radieschenscheiben zum Garnieren

Zubereitung:

1. Rotkohl putzen, waschen, in feine Scheiben schneiden. Zwiebel schälen, in kleine Würfel schneiden. Beides mit 2 EL Essig, 1 TL Zucker und 1 TL Sesamöl verkneten.
2. Möhren schälen, raspeln und mit dem restlichen Essig, Zucker, 1 TL Sesamöl und dem Orangenabrieb vermischen. Beide Salate etwa 1 Stunde ziehen lassen.
3. Senfgurken vierteln, in Scheiben schneiden und mit dem Rest Sesamöl vermischen.
4. Reispapier halbieren, kurz durch kaltes Wasser ziehen, dann 2 Minuten nebeneinander auf Küchentüchern quellen lassen. Essblüten mittig darauf verteilen, jeweils ¼ der 3 Gemüsesalate darauf setzen, zu Frühlingsrollen einwickeln. Überstehendes Reispapier an den Seiten abschneiden, die Ränder unterfalten.
5. Dann auf Tellern anrichten, mit Radieschenscheiben und Essblüten garnieren.

Sauerampfersuppe

Kalorien: 944 kcal, Harnsäure 67 mg, Portion: 236 kcal/ 17 mg

Zutaten für 4 Portionen:

- 2 Kartoffeln
- 2 Handvoll Sauerampfer
- 750 ml (selbstgemachte) Gemüsebrühe
- 200 ml Sahne
- Pfeffer und Salz

Zubereitung:

1. Kartoffeln kochen, auskühlen lassen, dann schälen. Zu einem Püree verarbeiten.
2. Blätter vom Sauerampfer abzupfen, waschen, klein schneiden.
3. Brühe erwärmen, darin das Kartoffelpüree einmengen. Die Sahne untermischen und Sauerampfer hinzufügen. Gut vermischen, mit Pfeffer und Salz abschmecken.

Sonnenblüten-Brennnessel-Risotto

Kalorien: 574 kcal, Harnsäure 176 mg, Portion: x kcal/ x mg

Zutaten:

- 1 Handvoll Brennnesselblätter – 10-12 Triebspitzen
- 1 Handvoll Löwenzahnblüten
- 1 Liter Wasser – zum Überbrühen
- 100 g Risottoreis
- 150 ml Gemüsebrühe
- ½ TL Kurkuma
- 1 kleine Zwiebel
- Olivenöl
- 50 ml Weißwein
- Meersalz
- Frisch gemahlener Pfeffer
- 1 EL frisch gehobelter Parmesan

Zubereitung:

1. Brennnessel-Triebspitzen mit kochendem Wasser übergießen, die Blätter von den Stängeln zupfen und klein hacken. Zwiebel kleinhacken.
2. Reis kurz abspülen. Brühe erhitzen, das Kurkumapulver einrühren.
3. In einer Pfanne mit Olivenöl die Zwiebel glasig dünsten. Reis dazugeben, mit Weißwein ablöschen und rühren. Ist keine Flüssigkeit mehr vorhanden, 1 Schöpfkelle Gemüsebrühe angießen, und immer weiter rühren, dabei die restliche Brühe dazugießen, bis der Risotto sämig, aber noch bissfest ist.
4. Nun die Brennnesseln und Löwenzahnblüten einrühren und nach Geschmack Parmesan zugeben. Noch mit Pfeffer und Salz abschmecken.

Thymian-Tagliliendressing für grüne Salate

Kalorien: 765 kcal, Harnsäure 29 mg, Portion: x kcal/ x mg

Zutaten:

- 1 EL Holunderblütensirup
- 3 EL Essig
- 3 EL Distelöl
- 120 g Joghurt
- 1 Msp. Salz
- 1 Prise Pfeffer
- 5 Taglilien-Blütenköpfe
- 5 Zweige Thymian

Zubereitung:

1. Von den Taglilien die Griffel abzwicken, da die Pollen i.d.R. bitter sind. Blüten und Thymian waschen. Thymian abrebeln, dann alle Zutaten in einem Mixbecher zu einem Dressing rühren.
2. Dann das Dressing gut durchmischen. Es passt perfekt zu allen Blattsalaten.

Desserts, Kuchen, Torten und Leckereien

Erdbeer-Espresso-Schichtspeise

Kalorien: 737 kcal, Harnsäure 76 mg, Portion: 184 kcal/ 8 mg

Zutaten für 4 Portionen:

- 250 g Erdbeeren
- 1 kleine Zitrone
- 2 EL Apfeldicksaft
- 1 kleine Bio-Orange
- 250 g Magerquark
- 1 Tüte Vanillezucker
- 100 g Cantuccini
- 3 EL ausgekühlter Espresso

Zubereitung:

1. Erdbeeren waschen, gut trockentupfen und putzen. Dann halbieren oder vierteln. Zitrone halbieren, auspressen. Erdbeeren in einer Schüssel mit Apfeldicksaft und 1 TL Zitronensaft vermischen, zugedeckt 20 Minuten marinieren lassen.
2. Orange waschen, trocknen, Schale fein abreiben. Halbieren und Saft auspressen. Quark in einer Schüssel mit Vanillezucker, 1 EL Zitronensaft und Orangenschale mischen, dann soviel Orangensaft unterrühren, dass der Quark cremig wird.
3. Cantuccini in Stücke brechen, auf 4 Gläser verteilen, mit dem Espresso beträufeln. Abwechselnd Quark und Erdbeeren darauf schichten und servieren.

Rote Grütze mit Vanillesauce

Kalorien: 890 kcal, Harnsäure 114 mg, Portion: 223 kcal/ 29 mg

Zutaten für 4 Portionen:

- 250 g rote Johannisbeeren
- 250 g Erdbeeren
- 250 g Himbeeren
- 2 EL brauner Rohrzucker
- 3 gestrichene EL Speisestärke
- Nach Geschmack Süßstoff
- 500 ml Milch – 1,5% Fett
- ½ Vanilleschote
- 1 Eigelb
- Salz

Zubereitung:

1. Gewaschene Johannisbeeren abtropfen lassen, mit einer Gabel von den Rispen trennen. Erdbeeren waschen und vierteln. Himbeeren verlesen.
2. Johannisbeeren in 80 ml Wasser und 30 g Zucker aufkochen, dann noch 3 Minuten kochen lassen. Durch ein Sieb passieren. Dann das Püree nochmal aufkochen.
3. Speisestärke und 45 ml Wasser verquirlen, zum Püree geben und unter Rühren aufkochen. Himbeeren und Erdbeeren unterheben, evtl. mit Süßstoff abschmecken. Die Rote Grütze in Teller oder Schälchen füllen, zugedeckt kalt werden lassen.
4. 4 EL Milch mit der übrigen Speisestärke verrühren. Das Mark der Vanilleschote auskratzen. Die Vanilleschote, das Vanillemark in der restlichen Milch aufkochen lassen, die Stärke hineinrühren und aufkochen.
5. Ei trennen, das Eigelb mit einer Prise Salz verquirlen, nach und nach etwas heiße Vanillemilch unterrühren, dann mit der übrigen Milch verrühren. Dann mit dem restlichen Rohrzucker abschmecken, erkalten lassen, dabei ab und zu umrühren, die Schote aus der Sauce nehmen.
6. Rote Grütze mit Vanillesauce servieren.

Russisches Quarkdessert

Kalorien: 1822 kcal, Harnsäure 128 mg, Portion: 228 kcal/ 16 mg

Zutaten für 8 Portionen:

- 1 Bio-Orange
- 1 Bio-Zitrone
- 50 g getrocknete Mango – ungezuckert
- 2 EL Sultaninen
- 1 gehäufter EL ungesalzene Pistazienkerne
- 1 Vanilleschote
- 1 EL zimmerwarme Joghurtbutter
- 2 EL brauner Rohrzucker
- 2 frische Eigelbe
- 750 g Magerquark
- 100 g saure Sahne
- 2 EL gemahlene Mandeln
- Nach Geschmack flüssiger Süßstoff
- 500 g Beeren der Saison – Erdbeeren, Himbeeren
- 2 Kiwis

Zubereitung:

1. Orange und Zitrone heiß abspülen, trocknen, von beiden die Schale fein abreiben. Orange halbieren, auspressen. Mango kleinschneiden, mit Sultaninen in einer Schüssel mit 4 EL Orangensaft mischen, durchziehen lassen.
2. Pistazien fein hacken. Vanilleschote der Länge nach halbieren, das Mark herauskratzen.
3. Butter und Rohrzucker mit dem Handmixer cremig rühren. Eier trennen, Eigelbe zur Butter geben und unterschlagen. Ca. 1 EL warmes Wasser dazugeben, weiter aufschlagen, bis der Zucker gelöst ist.
4. Den Quark dazugeben und verrühren. Nun Sahne, Orangen- und Zitronenschale. Pistazien, Vanille, Mandeln, Mangostücke und Sultaninen zum Quark geben, alles gut unterrühren, evtl. noch mit Süßstoff abschmecken.

5. Einen neuen Ton-Blumentopf -1,4 l Inhalt, 12-14 cm Ø) innen gründlich abbürsten. Eine große Stoffserviette oder ein Mulltuch anfeuchten, damit den Topf auslegen, möglichst ohne Falten. Da hinein die Quarkmasse geben, überhängende Tuchenden über die Masse legen, alles mit einem Gewicht beschweren. Unter den Topf ein Abtropfgitter auf einem tiefen Teller legen, am besten über Nacht kalt stellen, damit die Flüssigkeit in den Teller tropfen kann.
6. Vor dem Servieren die Beeren waschen, halbieren oder vierteln. 2/3 davon pürieren, durch ein feines Sieb passieren. Das Püree nach Geschmack mit Süßstoff abschmecken. Kiwis schälen, in kleine Würfel schneiden, mit den restlichen Beeren mischen.
7. Das Tuch öffnen, die Quarkmasse auf eine Platte stürzen, mit dem Obst umlegen und mit dem Beerenpüree servieren.

Süße Frischkäse-Bananen-Creme

Kalorien: 468 kcal, Harnsäure 59 mg, Portion: 156 kcal/ 20 mg

Zutaten für 3 Portionen:

- 1 reife Banane
- ½ kleine Orange
- 60 g Frischkäse – 13% Fett
- 1 EL Ahornsirup
- 1 EL Schokoraspel – 70% Kakao

Zubereitung:

1. Banane schälen, in Scheiben schneiden, zu Mus zerdrücken.
2. Orange auspressen, 2 EL Saft abmessen und mit dem Bananenmus in eine Schüssel geben. Frischkäse und Sirup hinzufügen, mit einer Gabel glattrühren. Schokoraspel unterheben.
3. Auf 3 Schälchen verteilen und servieren.

Kuchen

Apfel-Sanddorn-Schnitten

Kalorien: 3438 kcal, Harnsäure 289 mg, Portion: 172 kcal/ 15 mg

Zutaten für 20 Stücke:

- 3 Äpfel – a` ca. 120 g
- 3 Eier
- 150 g Rohrzucker
- 1 kleine Bio-Orange
- 150 g gemahlene Mandeln
- 1 TL Lebkuchengewürz
- 100 g Dinkel-Vollkornmehl
- 3 TL Backpulver
- 12 Blätter weiße Gelatine
- 330 g Sanddornmark
- 1 kg Magerquark
- 1 Msp. Zimt

Zubereitung:

1. Äpfel waschen, schälen, vierteln, Kerngehäuse entfernen, dann fein reiben.
2. Eier trennen, Eigelbe mit 50 g Zucker schaumig rühren. Eiweiße mit 50 g Zucker in einem hohen Gefäß zu steifem Schnee schlagen, unter das Eigelb heben.
3. Orange heiß abwaschen, trocknen, Schale fein abreiben. Orange halbieren, den Saft auspressen. Davon 50 ml zur Seite stellen.
4. Nun unter die Eimasse Äpfel und 2 TL Orangenschale rühren.
5. In einer Schüssel die Mandeln, das Lebkuchengewürz, Mehl und Backpulver vermischen, dann unter die Apfelmasse heben und gut verrühren. Backofen auf 180°C vorheizen.

6. Backpapier auf ein bachblech legen, darauf den Teig gleichmäßig verteilen. Nun ca. 25 Minuten backen, danach auf einem Backofenrost auskühlen lassen.
7. Gelatine einweichen. 250 g Sanddornmark, Quark, Zimt und restlichen Zucker glattrühren.
8. Orangensaft erhitzen, ausgedrückte Gelatine darin auslösen. 1-2 EL unter den Quark mischen, dann auch den Rest unter die Creme rühren.
9. Auf den ausgekühlten Kuchen nun die Creme streichen, fest werden lassen. Mit dem übrigen Sanddornmark den Kuchen garnieren, in Stücke schneiden und servieren.

Beeren-Baiser-Kuchen mit Stachelbeeren

Kalorien: 1399 kcal, Harnsäure 83 mg, Portion: 175 kcal/ 10 mg

Zutaten für 8 Stücke:

- 100 g rote Johannisbeeren
- 100 g Stachelbeeren
- Flüssig-Süßstoff
- 1 TL Speisestärke
- 150 g Mehl
- 2 EL Rohrzucker
- ½ TL gemahlener Kardamom
- 1 TL Backpulver
- Salz
- 75 ml Milch – 1,5% Fett
- 2 EL Rapsöl
- 3 Eier – Gr. S
- 1 Bio-Zitrone
- 1 Eiweiß
- 2 EL Zucker

Zubereitung:

1. Beeren waschen, abtropfen lassen, in einer Schüssel mit Stärke und einigen Spritzern Süßstoff mischen.
2. In einer anderen Schüssel das Mehl mit Rohrzucker, Backpulver, Kardamom und Salz mischen. Backofen auf 180°C vorheizen.
3. In der 3. Schüssel die Milch mit Öl und den 3 Eiern gut verquirlen, dann zum Mehl geben und unterrühren.
4. Den Boden einer 18er-Springform mit Backpapier belegen, den Teig hineinfüllen. Beeren darauf verteilen und auf mittlerer Schiene ca. 25 Minuten backen.
5. Inzwischen die Zitrone heiß abwaschen, trocknen, die Schale fein abreiben. Das Eiweiß, 1 Prise Salz und die Zitronenschale in ein hohes Gefäß geben, zu sehr steifem Schnee schlagen, nach und nach den Zucker einrieseln lassen. Den Schnee auf dem Kuchen verteilen, weitere 8-10 Minuten backen
6. Dann aus der Form lösen, auf einem Kuchengitter auskühlen lassen.

Himbeerstreifen mit Quarkcreme

Kalorien: 1389 kcal, Harnsäure 125 mg, Portion: 116 kcal/ 10 mg

Zutaten für 12 Stück:

- 3 gestrichene EL Joghurtbutter – 40 g
- 1 Prise Salz
- 80 g Weizenmehl
- 2 Eier
- 1 Msp. Backpulver
- 1 EL Milch – 1,5% Fett
- 1 EL Sonnenblumenkerne – 15 g
- 125 g Himbeeren
- 1 Vanilleschote – 3 cm
- 125 g Magerquark
- 1 ½ EL Rohrzucker – 30 g
- 75 ml Schlagsahne

Zubereitung:

1. 125 ml Wasser, Butter und Salz in einem Topf aufkochen, Mehl dazugeben, mit einem Kochlöffel zu einem Teigkloß verrühren, bis sich der Teig vom Rand löst, dann die Eier einzeln unterrühren. Teig abkühlen lassen.
2. Ein Backblech mit Backpapier auslegen. Auf den Teig nun Backpulver streuen und gut verrühren. Mit einem Spritzbeutel mit Sterntülle nun 12 ca. 9 cm lange Streifen auf das Backpapier spritzen. Backofen auf 200°C vorheizen.
3. Teigstreifen mit Milch bepinseln, mit den Kernen belegen. Dann ca. 25 Minuten backen.
4. Nachdem die Teigstreifen etwas abgekühlt sind, jedes Teil längs aufschneiden und abkühlen lassen.
5. Inzwischen die Beeren verlesen, die Vanilleschote längs halbieren, das Mark herauskratzen. Den Quark mit Vanillemark und Zucker in einer Schüssel verrühren. Sahne steifschlagen und unter den Quark heben.
6. Auf den unteren Teighälften die Creme verteilen, die Himbeeren aufsetzen, dann die oberen Hälften aufsetzen.

Kirsch-Käsekuchen mit Mohn

Kalorien: 2450 kcal, Harnsäure 249 mg, Portion: 204 kcal/ 21 mg

Zutaten für 12 Stücke:

- 100 g getrocknete Kirschen
- 110 g Speisestärke
- 1 Bio-Zitrone
- 1 EL Joghurtbutter – 10 g
- 1 EL Semmelbrösel
- 4 Eier
- 1 Prise Salz
- 150 g brauner Rohrzucker
- 1 Tüte Vanillezucker
- 1 kg Schichtkäse – 10%
- 1 Tüte Backpulver
- 1 EL Mohnsamen
- 1 EL Puderzucker

Zubereitung:

1. In einer kleinen Schüssel Kirschen und 1 TL Stärke mischen. Zitrone heiß abwaschen, trocknen, die Schale fein abreiben, Zitrone halbieren und auspressen. Eine Kastenform -30x11 cm- einbuttern, mit Semmelbröseln ausstreuen.
2. Eier trennen, Eiweiße mit Salz in einem hohen Gefäß zu Schnee schlagen, dann kalt stellen. Eigelbe mit Rohrzucker, Vanillezucker und 2 EL Wasser in einer Schüssel cremig schlagen, den Schichtkäse nach und nach unterrühren. Backofen auf 175°C vorheizen.
3. In einer Tasse Backpulver und übrige Speisestärke mischen, unter die Eigelb-Masse rühren. Kirschen in einem Sieb von überschüssiger Stärke befreien, dann mit 1 TL Zitronenabrieb, 3 EL Zitronensaft und Mohn unter die Käsemischung mischen. Dann die Eischnee locker unter die Masse heben, das Ganze in die Kastenform füllen und glattstreichen.

4. Nun im Ofen 80-90 Minuten auf der zweiten Schiene von unten backen, bis die Masse fest, die Oberfläche goldbraun ist.
5. Nach der Backzeit den Kuchen in der Form 5-10 Minuten auskühlen lassen, dann aus der Form lösen und komplett auskühlen lassen. Vor dem Servieren mit Puderzucker bestäuben.

Mango-Papaya-Biskuitrolle

Kalorien: 1930 kcal, Harnsäure 119 mg, Portion: 193 kcal/ 12 mg

Zutaten für 10 Scheiben:

- 3 Eier
- 1 Prise Salz
- 120 g Rohrzucker
- 120 g Mehl
- 30 g Speisestärke
- 4 Blätter weiße Gelatine
- ½ Bio-Limette
- 300 g Joghurt – 1,5% Fett
- 150 g Magerquark
- Flüssig-Süßstoff
- 1 kleine reife Mango – ca. 300 g
- ½ reife Papaya – ca. 200 g
- 1 Karambole
- 2 EL Puderzucker

Zubereitung:

1. Eier trennen, Eiweiße mit Salz in eine Schüssel geben, steifschlagen und nach und nach etwa 100 g Rohrzucker einrieseln lassen. Eigelb kurz unterrühren.
2. In einer anderen Schüssel Mehl und Stärke mischen, über den Eischnee sieben und unterheben. Den Teig auf ein Backblech

mit Backpapier streichen, im Backofen bei 200°C etwa 8-10 Minuten auf mittlerer Schiene backen.

3. Das restliche Zucker auf ein Küchentuch streuen, darauf den Teig stürzen. Backpapier abziehen, den Boden mit Hilfe des Küchentuches der Länge nach aufrollen, dann auskühlen lassen.
4. Gelatine in reichlich kaltem Wasser einweichen. Limette heiß abspülen, trocknen, die Schale fein abreiben, den Saft auspressen. Joghurt, Quark, Limettenschale und Limettensaft glattrühren, mit Süßstoff abschmecken, dann schaumig schlagen.
5. Mango und Papaya schälen. Fruchtfleisch der Mango in Scheiben vom Stein schneiden. Papaya entkernen, die Hälfte des Fruchtfleischs klein würfeln, den Rest pürieren. Karambole waschen, in Scheiben schneiden, einige Scheiben für die Garnitur zur Seite legen, den Rest fein würfeln.
6. Fruchtpüree erwärmen, Gelatine ausdrücken und unter Rühren darin auflösen. Ca. 2 EL der Joghurtmischung einrühren, erwärmen, denn den Rest unterrühren. Etwas abkühlen lassen. Beginnt die Creme, fest zu werden, den Biskuitteig auseinander rollen, die Creme aufstreichen. Darauf die Fruchtwürfel verteilen, dann den Biskuit wieder fest aufrollen und 2 Stunden kalt stellen.
7. Puderzucker über die Rolle streuen, mit Karambole garnieren, die Rolle in Scheiben schneiden und servieren.

Mini-Quarkstrudel mit Kirschfüllung

Kalorien: 730 kcal, Harnsäure 75 mg, Portion: 183 kcal/ 19 mg

Zutaten für 4 Stück:

- 200 g TK-Sauerkirschen
- 10 g Butter
- 200 g Magerquark
- 1 Ei
- 2 EL Grieß
- Nach Geschmack flüssiger Honig
- 4 Blätter Strudelteig
- 4 EL Milch – 1,5% Fett
- 4 EL Semmelbrösel

Zubereitung:

1. In einer Schüssel die Kirschen auftauen lassen. Butter in einem Topf zerlassen.
2. In einer zweiten Schüssel Quark, Ei, Grieß, Butter und nach Geschmack Honig verrühren, die Kirschen untermischen.
3. Auf Backpapier die Teigblätter einzeln ausbreiten, mit 2 EL Milch bestreichen, halb zusammenfalten. Darauf die Semmelbrösel verteilen, jeweils einen Rand von ca. 1,5 cm lassen. Im unteren Drittel der Strudelblätter die Füllung quer verteilen. Dann die Seiten einschlagen und zu kleinen Strudeln aufrollen. Mit der übrigen Milch bepinseln.
4. Auf einem Backblech mit Backpapier die Strudel im Backofen –vorgeheizt auf 180°C- 20-25 Minuten backen.

Mirabellenkuchen mit Pistazien

Kalorien: 3746 kcal, Harnsäure 468 mg, Portion: 187 kcal/ 23 mg

Zutaten für 20 Stücke:

- 250 g Mehl
- 250 g Weizen-Vollkornmehl
- 1 Würfel Hefe
- 250 ml zimmerwarme Buttermilch
- 1 Ei
- 100 g Zucker
- 40 g weiche Butter
- 1 Prise Salz
- 1 kg Mirabellen
- 50 g Pistazienkerne
- 4 EL Puderzucker

Zubereitung:

1. Die Mehle in eine Schüssel sieben, Hefe zerbröckelt dazugeben. Nun Buttermilch, Ei und Zucker zum Mehl geben, alles zu einem weichen Teig kneten. Die Butter in Flocken und 1 Prise Salz unterrühren, weiterkneten, der Teig soll sich vom Schüsselrand lösen. Den Teig ca. 40 Minuten zugedeckt an einem warmen Ort gehen lassen, die Menge soll sich etwa verdoppeln. Backofen auf 180°C vorheizen.
2. Inzwischen die Mirabellen waschen, halbieren, entsteinen. Ein Backblech mit Backpapier belegen, den nochmal durchgekneteten Teig darauf ausrollen, zugedeckt weitere 30 Minuten gehen lassen.
3. Mirabellen dicht aneinander in den Teig drücken. Den Kuchen auf mittlerer Schiene 45-50 Minuten backen.
4. Pistazien hacken, über den Kuchen streuen. Mit Puderzucker bestäuben, in Stücke schneiden und servieren.

Quark-Muffins

Kalorien: 1980 kcal, Harnsäure 124 mg, Portion: 165 kcal/ 10 mg

Zutaten für 12 Stück:

- 1 reife Banane
- 1 Ei – Gr. M
- 60 g Zucker
- 1 Pckch. Vanillezucker
- 250 g Magerquark
- 75 ml Pflanzenöl
- Schalenabrieb einer Bio-Zitrone
- Schalenabrieb einer halben Orange
- Saft einer Orange
- 200 g Mehl
- 2 TL Backpulver
- Puderzucker

Zubereitung:

1. Banane pellen, mit einer Gabel zerdrücken. Ei, Zucker, Vanillezucker, Quark, Öl, Bananenmus, Zitronenschale, Orangenschale und Orangensaft verrühren. Mehl und Backpulver mischen, zügig unterrühren.
2. Backofen auf 200°C vorheizen.
3. Papierförmchen in ein Muffinblech einsetzen, den Teig einfüllen. Dann 30-35 Minuten backen. Anschließend mit Puderzucker bestäuben.

Tarte tatin mit Zimtsahne

Kalorien: 1854 kcal, Harnsäure 53 mg, Portion: 309 kcal/ 9 mg

Zutaten für 6 Portionen:

- 120 g Mehl
- 1 Prise Salz
- 65 g flüssige, lauwarme Butter
- 2 EL eiskaltes Wasser
- 4 Äpfel
- 60 g Butter
- 70 g Rohrzucker
- 1 TL Zimt

Für die Zimtsahne:

- 200 g Sahne
- ½ TL Zimt
- 1 Pckch. Vanillezucker

Zubereitung:

1. Mehl mit Salz, flüssiger Butter und Eiswasser rasch verkneten, 1 Stunde kalt stellen.
2. Inzwischen Äpfel schälen, vom Kerngehäuse befreien, in Scheiben schneiden. Den Teig rund ausrollen – ca. 25 cm Ø. In einem Topf Butter und Rohrzucker karamellisieren lassen. Damit eine Tortenbodenform mit 22 cm Ø ausgießen.
3. Auf diese Masse dachziegelartig die Apfelscheiben verteilen, mit Zimt bestäuben. Die Teigplatte drauflegen, außen den Boden vorsichtig herunterdrücken.
4. Backofen auf 200°C vorheizen, dann den Teig etwa 30 Minuten backen.
5. Vor dem Servieren Sahne, Vanillezucker und Zimt steifschlagen und zum Kuchen servieren.

Torten

Cremetorte mit Karamell und Orange

Kalorien: 3000 kcal, Harnsäure 102 mg, Portion: 375 kcal/ 13 mg

Zutaten für 8 Stücke:

- 75 g Mehl
- 2 gestrichene EL gemahlene Mandeln – ca. 25 g
- 3 Eier – Gr. M
- 75 g Zucker
- 1 Prise Salz
- 2 Pckch. Puddingpulver – Karamell
- 750 ml Milch – 1,5% Fett
- 50 g Rohrzucker
- 8 Blätter weiße Gelatine
- 3 Bio-Orangen
- 250 g Magerquark
- Nach Geschmack Flüssig-Süßstoff
- 1 El Mandelblättchen

Zubereitung:

1. Backofen auf 180°C vorheizen.
2. Mehl in eine Schüssel geben, mit den Mandeln vermischen.
3. In einer weiteren Schüssel Eier, Zucker, Salz cremig schlagen. Mehlmischung vorsichtig unterheben.
4. Boden einer 20er-Springform mit Backpapier auslegen, den Teig einfüllen und 20-25 Minuten auf mittlerer Schiene backen. Anschließend den Boden auskühlen lassen, aus der Form lösen und mittig waagerecht durchschneiden.
5. Puddingpulver, Milch und Rohrzucker zu einem Pudding kochen, dann vom Herd nehmen.

6. Gelatine in kaltem Wasser einweichen, ausdrücken, im warmen Pudding unter Rühren auslösen. Dann auskühlen lassen. Damit sich keine Haut bildet, häufig umrühren.
7. Eine Orange heiß abspülen, trocknen, ca. 2 TL Schale abreiben. Dann alle Orangen so schälen, dass alles Weiße entfernt ist. Dann die Filets herausschneiden.
8. Unter den Pudding nun den Quark und den Orangenabrieb rühren, evtl. mit Süßstoff abschmecken.
9. Einen Tortenboden auf eine Tortenplatte setzen, den Springformrand darum schließen. Ca. 1(3 der Orangenfilets verteilen, die Hälfte der Puddingcreme darauf verstreichen. Den 2. Boden auslegen, übrige Creme verstreichen. 1 Stunde kalt stellen.
10. In einer Pfanne die Mandeln ohne Fett goldbraun rösten. Übrige Orangenfilets als Dekoration auf die Torte setzen, Mandeln darüber streuen und servieren.

Erdbeertorte mit Limettenguss

Kalorien: 1637 kcal, Harnsäure 312 mg, Portion: 136 kcal/ 26 mg

Zutaten für 12 Stücke:

- 2 Eier
- 1 Prise Salz
- 60 g brauner Rohrzucker
- 100 g Dinkelmehl – Type 630
- 1 TL Backpulver
- 1 TL gemahlene Mandeln – 7 g
- 650 g Erdbeeren
- 1 Limette
- 1 Tüte klarer Tortenguss
- 2 EL Zucker – 40 g
- 230 ml klarer Apfelsaft
- 125 ml Schlagsahne
- 4 EL Buttermilch

Zubereitung:

1. Eier, Salz, Rohrzucker und 2 EL heißes Wasser in einer Schüssel mit dem Handmixer zu einer cremigen Masse rühren. Mehl und Backpulver mischen, in 2 Portionen mit dem Schneebesen unter die Creme heben.
2. Boden einer 24er Springform mit Backpapier belegen, Teig einfüllen und mit den Mandeln bestreuen. Bei 180°C im vorgeheizten Backofen ca. 15 Minuten auf mittlerer Schiene backen. Danach 5-6 Minuten auf einem Kuchengitter auskühlen lassen, den Biskuitboden aus der Form lösen, vollständig abkühlen lassen.
3. Erdbeeren vorsichtig waschen, abtropfen lassen, dann putzen und halbieren. Den Tortenboden auf eine Tortenplatte legen – Mandeln nach oben-, darauf die Erdbeeren verteilen. Limette heiß abspülen, trocknen, die Schale fein abreiben. Dann halbieren und auspressen.
4. In einem kleinen Topf Tortenguss mit dem Zucker verrühren. Nach und nach den Limettenabrieb, Apfelsaft und 2 EL Limettensaft einrühren, unter Rühren zum Kochen bringen. Den Guss mit einem Löffel über die Erdbeeren verteilen, die Torte nun mind. 20 Minuten kalt stellen.
5. Vor dem Servieren Sahne steifschlagen, Buttermilch einrühren und zur Torte servieren.

Joghurt-Pflaumen-Torte

Kalorien: 1958 kcal, Harnsäure 212 mg, Portion: 163 kcal/ 18 mg

Zutaten für 12 Stücke:

- 3 Eier – Gr. M
- 1 Prise Salz
- 120 g Zucker
- 80 g Mehl
- 1 TL Backpulver
- 700 g Pflaumen
- 4 EL flüssiger Honig
- 1 Sternanis
- 1 Zimtstange – ca. 2 cm
- 8 Blätter weiße Gelatine
- 500 g Joghurt – 1,5% Fett
- ½ Zitrone
- Süßstoff – nach Geschmack
- 1 EL Sesam

Zubereitung:

1. Eier trennen, Eiweiße mit Salz in ein hohes Gefäß geben, mit dem Handmixer steifschlagen, nach und nach 100 g Zucker einstreuen. Eigelbe kurz unterrühren.
2. In einer Schüssel Mehl und Backpulver mischen, über den Eischnee sieben, mit dem Schneebesen unterheben. Backofen auf 180°C Umluft vorheizen.
3. Boden einer Springform -24x24 cm- mit Backpapier belegen, darauf den Teig verteilen. Dann ca. 20 Minuten backen. Anschließend auf einem Gitter auskühlen lassen.
4. Pflaumen waschen, halbieren, entsteinen, in Spalten schneiden. Die Hälfte mit Honig, Sternanis, Zimt und 60 ml Wasser aufkochen, dann ca. 8 Minuten bei mittlerer Hitze weichkochen. Rest Pflaumen hinzufügen, nochmal kurz aufkochen.

5. Gelatine einweichen, ausdrücken, unter Rühren im warmen Kompott auflösen – nicht kochen! Dann alles in eine Schüssel füllen, Zimt und Anis entfernen, Kompott auskühlen lassen.
6. Etwa 2/3 des Kompotts mit Joghurt glattrühren, Saft der halben Zitrone auspressen und unterrühren, dann nach Belieben mit flüssigem Süßstoff abschmecken. Den Rand der Springform wieder um den Boden schließen, Joghurtcreme auf den Boden gießen und glattstreichen. Das übrige Kompott darauf verteilen. Dann die Torte mindestens 2 Stunden kaltstellen.
7. Den Rest Zucker zu hellem Karamell kochen, Sesam einrühren. Die Masse auf einem Backpapier abkühlen lassen, in kleine Stücke brechen, damit die Torte garnieren.

Kokos-Makronen-Torte mit Vanillecreme

Kalorien: 1345 kcal, Harnsäure 150 mg, Portion: 168 kcal/ 19 mg

Zutaten für 8 Stücke

- 3 Eiweiß
- 1 Prise Salz
- 2 gehäufte EL Zucker
- 2 EL Puderzucker
- 1 EL Streusüße
- 1 Pckch. Backpulver
- 50 g Kokosraspel
- 50 g Weizenkleie
- 20 g geschroteter Leinsamen
- 3 Blätter weiße Gelatine
- ½ Tüte Vanillepuddingpulver
- 250 ml Milch – 1,5% Fett
- 2 EL Rohrzucker
- 250 g Joghurt – 1,5% Fett
- 300 g gemischte Beeren – Erdbeeren, Himbeeren, Johannisbeeren
- ½ Bio-Limette

Zubereitung:

1. Die Eiweiße und 1 Prise Salz zu steifem Schnee schlagen, nach und nach Zucker, Puderzucker und Streusüße einrieseln lassen. Backpulver kurz unterrühren. Backofen auf 150°C vorheizen.
2. In einer Schüssel Kokosraspel, Weizenkleine und Leinsamen mischen, dann unter den Eischnee heben.
3. Eine 20er-Springform am Boden mit Backpapier auslegen. Makronenmasse in die Form füllen und glattstreichen. Nun 35-40 Minuten backen.
4. Inzwischen Gelatine in kaltem Wasser einweichen. Nun mit Milch, Puddingpulver und Rohrzucker einen Pudding kochen. Die ausgedrückte Gelatine in dem heißen Pudding auflösen. Den Pudding in eine Schüssel füllen, immer wieder umrühren. Wenn die Creme anfängt, fest zu werden, den Joghurt einrühren. Den Makronenboden aus der Form lösen, auf einem Gitter abkühlen lassen.
5. Von den Beeren Stiele und Blätter entfernen. Limette heiß abspülen, trocknen, die Schale fein abreiben. Saft auspressen und unter die Beeren mischen.
6. Die Vanillecrem auf den Makronenboden verstreichen, Beeren darauf verteilen. Nun die Torte in 8 Stücke teilen und servieren.

Knabbereien

Brotchips aus Resten

Zutaten:

- Nach Belieben alles alte Brot
- Nach Belieben Olivenöl oder
- Zerlassene Kräuterbutter

Zubereitung:

1. Das alte Brot in dünne Scheiben schneiden. Auf einem Backblech mit Öl oder Kräuterbutter beträufeln.
2. Bei 160°C Umluft hellbraun backen.

Cantuccini

Kalorien: 4752 kcal, Harnsäure 206 mg, Portion: x kcal/ x mg

Zutaten:

- 200 g ganze Mandeln
- 1 Bio-Zitrone
- 120 g weiche Butter
- 400 g Mehl
- ½ Pckch. Backpulver
- 2 Pckch. Vanillezucker
- 200 g Zucker
- 3 Eier

Zubereitung:

1. In einer Pfanne ohne Öl die Mandeln rösten. Die Zitronenschale abreiben, dann mit den restlichen Zutaten zu einem festen Teig verrühren. Mandeln unterkneten.
2. Backpapier auf 2 Backbleche legen. Aus der Masse darauf 4 längliche, flache, ca. 5 cm breite Stränge formen.
3. Dann jedes Blech bei 175°C etwa 25 Minuten backen.
4. Die Stränge vom Blech nehmen, mit einem Messer in diagonale Stücke schneiden, wieder auf die Bleche legen, weitere 10 Minuten backen.
5. Cantuccini schmecken hervorragend zu Cappuccino oder Tee.

Cracker

Kalorien: 1996 kcal, Harnsäure 129 mg, Portion: 250 kcal/ 16 mg

Zutaten für 8 Portionen:

- 400 g Mehl
- 2 Eier
- 50 g geschmolzene Butter
- 1 EL Salz
- 1 EL Zucker
- 1 Ei zum Bestreichen
- Sesam, Mohn, Meersalz, Kümmel oder Nüsse

Zubereitung:

1. Den Backofen auf 200°C vorheizen.
2. Mehl, Eier, Butter, Salz und Zucker zu einem Teig verkneten. Den Teig halbieren, jede Portion äußerst dünn ausrollen. Dann mit Förmchen ausstechen, auf ein gefettetes Backblech legen.
3. Nun mit Eigelb bepinseln und mit Zutaten nach Wahl bestreuen. Dann in 15 Minuten goldbraun backen.

Exotische Früchtetaler mit Mandeln

Kalorien: 2702 kcal, Harnsäure 320 mg, Portion: 90 kcal/ 11 mg

Zutaten für 30 Stück:

- 200 g getrocknetes exotisches Obst – Papaya, Feigen, Ananas o.ä.
- 2 getrocknete Aprikosen
- 1 Stängel Zitronengras
- 1 große Bio-Orange
- 3 Eier
- 100 g Weizen-Vollkornmehl
- 2 TL Weinstein-Backpulver
- 250 g gemahlene Mandeln

Zubereitung:

1. Die getrockneten Früchte grob hacken. Untere 5 cm der Zitronenstange fein hacken. Orange heiß abspülen, trocknen, Schale fein reiben. Orange halbieren, auspressen.
2. Orangensaft, Orangenschale, Zitronengras und die Früchte mischen, ca. 2 Stunden ziehen lassen. Danach mit dem Stabmixer fein pürieren.
3. Eier trennen, Eiweiße sehr steif schlagen. Nach und nach Eigelbe und Fruchtpüree unterrühren. Mehl mit Backpulver mischen und über die Masse sieben. Die Mandeln unterheben. Backpapier auf 2 Backbleche legen. Backofen auf 160°C vorheizen.
4. Esslöffelweise den Teig in Häufchen auf die Bleche setzen, etwas flachdrücken. Dann nacheinander im Ofen ca. 20 Minuten backen.

Fettfreie Chips

Kalorien: 172 kcal, Harnsäure 14 mg, Portion: 172 kcal/ 14 mg

Zutaten:

- Pro Portion 1 festkochende Kartoffel
- Salz
- Öl

Zubereitung:

1. Kartoffeln abbürsten, mit Schale in feine Scheiben hobeln. Ein Backblech mit Backpapier auslegen, dünn mit Öl einstreichen, die Kartoffelscheiben nebeneinander drauflegen. Ein weiteres Backpapier einölen und mit der Ölseite auf die Kartoffeln legen. Ein weiteres Backblech draufsetzen –Wanne in Wanne-.
2. Im Ofen bei 180^C-200°C 20 Minuten backen, dann salzen.

Früchtemüsli-Riegel

Kalorien: 1716 kcal, Harnsäure 226 mg, Portion: 57 kcal/ 8 mg

Zutaten für 30 Stück:

- 225 g Früchtemüsli – ohne Zucker
- 50 g Haferfleks
- 30 g Butter
- 50 g Vollrohrzucker
- 100 g flüssiger Honig
- 1 TL Apfelsaft
- 80 g Hagebuttenmus

Zubereitung:

1. Müsli und Haferfleks in einer kleinen Schüssel mischen.
2. In einer Pfanne Butter schmelzen, Zucker, Honig und Apfelsaft dazugeben, unter Rühren aufkochen, dann etwa 2 Minuten kochen, die Masse soll flüssig und goldgelb sein.
3. Die Pfanne vom Herd nehmen, die Müslimischung unterrühren, bis sich eine gleichmäßige Masse gebildet hat. Masse dann auf ein Backblech mit Backpapier geben, unter einer Frischhaltefolie mit der Nudelrolle zu einer Platte von etwa 25x20x1,5 cm ausrollen.
4. Folie entfernen, die Masse mindestens 25 Minuten abkühlen lassen. Inzwischen das Hagebuttenmus erwärmen, dann auf den Müsliblock verstreichen.
5. Zum Schluss den Block in Riegel schneiden, über Nacht trocknen lassen.

Limburger Käse-Chips

Kalorien: 626 kcal, Harnsäure 18 mg, Portion: 626 kcal/ 18 mg

Zutaten:

- 200 g Rahm-Limburger – 50% Fett

Zubereitung:

1. Käse in kleine Stücke schneiden. Backofen auf 200°C Umluft vorheizen.
2. Backpapier auf ein Backblech legen. Darauf die Käsestücke verteilen.
3. Im Ofen auf der untersten Schiene 10-12 Minuten backen.
4. Käse auskühlen lassen, dann in mundgerechte Stücke schneiden.

Salzgebäck mit Käse

Kalorien: 3686 kcal, Harnsäure 112 mg, Portion: x kcal/ x mg

Zutaten:

- 200 g Feta
- 100 g Emmentaler oder Tilsiter Käse
- 250 g weiche Margarine
- 1 TL Zucker
- 230 g Mehl
- 3 Eigelb
- 1 Prise Natron
- Nach Geschmack gehackte Nüsse (Pistazien, Haselnüsse o.ä.)

Zubereitung:

1. Feta und Käse grob raspeln, mit der Margarine verreiben. Aus der Masse mit Zucker, Mehl, 2 Eigelb und Natron einen Teig kneten.
2. Ein Backblech mit Backpapier belegen. Backofen auf 180°C vorheizen.
3. Den Teig etwa 5 mm dick auf dem Backpapier ausrollen, dann Stücke von 5x5 cm schneiden, mit Eigelb einstreichen und nach Belieben gehackte Nüsse darauf streuen.
4. Im Ofen solange backen, bis das Gebäck goldbraun ist.

Salzige Nüsse

Kalorien: 5842 kcal, Harnsäure 602 mg, Portion: x kcal/ x mg

Zutaten:

- 1 kg Nüsse (z.B. Mandeln mit Schale, Paranüsse)
- 1 großes Eiweiß
- 2 TL Salz

Zubereitung:

1. Backofen auf 150°C vorheizen.
2. In einer Schüssel das Eiweiß steif schlagen, Salz und Nüsse zugeben und gut vermischen.
3. Alles auf einem Backblech verteilen, etwa 30 Minuten rösten. Nach 15 Minuten durchmischen.
4. Abkühlen lassen und genießen.

GUTEN APPETIT!!

Danke

Vielen Dank, dass sie dieses Buch gekauft haben.
Wir hoffen es hat Ihnen gefallen und Ihre Erwartungen haben sich erfüllt.
Wir wünsche Ihnen für Ihre Zukunft alles Gute und viel Gesundheit.
Hoffentlich konnten Sie dafür etwas aus diesem Buch für sich mitnehmen.
Wir würden uns sehr darüber freuen, wenn Sie dieses Buch weiterempfehlen würden und ein Feedback in Form einer Bewertung dalassen.

Falls Beispielsweise mehr Interesse an Rezepten besteht können Sie uns dies so gerne mitteilen und motivieren ein Folgebuch zu veröffentlichen.

Quellen

-de.depositphotos.com

Haftungsausschluss

Der Inhalt dieses Buches wurde mit großer Sorgfalt geprüft und erstellt. Für die Vollständigkeit, Richtigkeit und Aktualität der Inhalte kann jedoch keine Garantie oder Gewähr übernommen werden. Der Inhalt dieses Buches repräsentieren die persönliche Erfahrung und Meinung des Autors und dient nur dem Unterhaltungszweck. Der Inhalt sollte nicht mit medizinischer Hilfe verwechselt werden. Es wird keine juristische Verantwortung oder Haftung für Schäden übernommen, die durch kontraproduktive Ausübung oder durch Fehler des Lesers entstehen. Es kann auch keine Garantie für Erfolg übernommen werden. Der Autor übernimmt daher keine Verantwortung für das Nicht-Erreichen der im Buch beschriebenen Ziele.

Impressum
1. Auflage 2018

Kontakt: Philipp Buhles / Marderbruch 16 / 48565 Steinfurt
Covergestaltung: Pseudonym,
Coverfoto: depositphotos.com

Printed in Poland
by Amazon Fulfillment
Poland Sp. z o.o., Wrocław

72419718R00105